# 南京云锦及丝织业

## 口述档案

南京市档案馆
江南丝绸文化博物馆　编
正源兴绸缎庄

南京出版传媒集团 南京出版社

**图书在版编目（CIP）数据**

南京云锦及丝织业口述档案 / 南京市档案馆，江南丝绸文化博物馆，正源兴绸缎庄编. -- 南京 : 南京出版社，2021.8

ISBN 978-7-5533-3301-4

Ⅰ. ①南… Ⅱ. ①南… ②江… ③正… Ⅲ. ①丝织物 - 纺织工业 - 口述档案 - 南京 - 现代 Ⅳ. ①F426.81

中国版本图书馆CIP数据核字（2021）第095558号

**书　　名** 南京云锦及丝织业口述档案
**编　　者** 南京市档案馆　江南丝绸文化博物馆　正源兴绸缎庄
**出版发行** 南京出版传媒集团
南京出版社

**社址** 南京市太平门街53号　　**邮编** 210016
**网址** http://www.njcbs.cn　　**电子信箱** njcbs1988@163.com
**联系电话** 025-83283893、83283864（营销）　025-83112257（编务）

**出 版 人** 项晓宁
**出 品 人** 卢海鸣
**责任编辑** 崔龙龙
**装帧设计** 王　俊
**责任印制** 杨福彬

**排　　版** 上海雅昌艺术印刷有限公司
**印　　刷** 上海雅昌艺术印刷有限公司
**开　　本** 889毫米 × 1194毫米　1/16
**印　　张** 15
**字　　数** 220千
**版　　次** 2021年8月第1版
**印　　次** 2021年8月第1次印刷
**书　　号** ISBN 978-7-5533-3301-4
**定　　价** 88.00元

用微信或京东APP扫码购书　　用淘宝APP扫码购书

# 编委会

# 前言

南京云锦是延续发展至今的传统丝织产品，它一方面承载着中国深厚漫长的历史与文化，另一方面则持续影响着近现代中国丝织业的工业化进程。南京云锦织造工艺更是代表着中国古代丝织手工艺的巅峰水平。

南京丝织业鼎盛时期，南京产的丝织品盛行全国，远销世界。彼时，“Nanking”品牌作为长三角地区纺织品的代名词风靡欧洲。丝织业一度成为南京经济的支柱产业，为国计民生做出了重要贡献。

南京丝织业在新中国成立后迎来了新生。南京老字号绸缎庄有福源隆、邓裕兴、正源兴、吴祥泰、裕丰祥等，丝织厂有南京中兴源丝织厂、南京丝织厂、南京艺新丝织厂、南京艺光丝织厂，以及新宁染丝合作社、南京缫丝厂等等，都赫赫有名。今天的老一辈南京人提起这些绸缎庄和丝织厂仍是如数家珍。其中，在全国影响力最大的当属南京中兴源丝织厂，其前身是成立于 1874 年的正源兴绸缎庄，它的发展历程可谓是我国近代丝织行业的一个缩影。1948 年，南京中兴源丝织厂仅存 4 台织机，8 名工人，但仍在坚持生产云锦。南京解放后，在云锦传承保护工作的初期，南京中兴源丝织厂毫无保留的捐献了 4 台手工织机和近千张云锦意匠图稿，为云锦保护做出了重要的贡献。南京中兴源丝织厂在南京云锦发展史上具有承上启下的重要作用，既承接南京云锦的辉煌，又在南京云锦最为艰难的时候保留下了这支“艺脉”。

20 世纪 80 年代，南京中兴源丝织厂的产量、质量在全国同行业中名列前茅，是国家生产民族特需绸缎和出口创汇纳税的“大户”。1983 年，南京中兴源丝织厂以“松鹤牌”南京云锦获得国家质量奖银奖。

回首云锦的浮沉兴衰，鲜艳绚丽的染料并没有在时间长河中褪去色泽，经纬交错的纹样也没有在岁月蹉跎中模糊了肌理，云锦技艺作为人类非物质文化遗产，其蕴含的技艺成就、劳动智慧依然在工业机械时代的潮流中闪烁着光芒。“传统是民族文化赖以发展的动力”，传统手工艺在时代的更迭中，不断被赋予更高的诉求。

2008 年，南京市档案馆接收了南京中兴源丝织厂的档案，这也是南京市档案馆接收的第一份最完整、规模最大、最有价值的工业档案。南京中兴源丝织厂的档案有近 3000 卷，揭示了该厂的发展历史和 100 多年来的工艺“核心机密”。2019 年，南京市档案馆和江南丝绸文化博物馆深度合作，对封存十年的中兴源云锦档案资料第一次进行抢救性的保护与复原。2019 年 7 月至 2020 年 7 月由南京市档案馆和江南丝绸文化博物馆牵头，联合南京晓庄学院、正源兴绸缎庄、南京财经大学等，陆续完成了中兴源云锦丝织业口述档案的采集工作，对老一辈云锦工匠艺人、中兴源丝织厂工作人员的口述进行文字、影像记录，然后再加以整理。同时，邀请了多位原中兴源丝织厂的领导及技术骨干和相关云锦专家，梳理评估了大量珍贵历史资料，选定具有代表性的一则八宝团龙妆花料进行复原。这一项目直观展示了中兴源云锦的艺术成就，对南京民族工业档案资料活化保护具有示范引领作用。

本书呈现的口述资料虽然不能反映南京云锦及丝织业的全貌，但因为口述者朴实、具体的讲述，可以为后人留下南京云锦及丝织业鲜活的历史细节。

这些云锦艺人及南京中兴源丝织厂的管理人员、技术人员、普通职工用朴实的语言、纯真的感情，说出了对南京云锦及丝织业的诚挚之情，他们是南京云锦发展的亲历者、见证者，也是南京云锦留下来的最珍贵的“活历史”，是人类非物质文化遗产历史长河中不可或缺的人证。听着他们娓娓道来渐行渐远的故事，倍感亲切、生动、感人。抢救非物质文化遗产、工业遗产，留住这些即将逝去的历史，任务十分艰巨，是一项与时间赛跑的紧迫工作。与此同时，做好档案活化，激活云锦的文化价值、历史价值，集合全社会的力量，整合各方面的档案资源，让云锦的智慧被重新发现、实践、创新，让更多的人读懂云锦的独特魅力，使其永远鲜活下去，这是我们这一代守护者、传承者、创新者的历史责任。

2021 年 7 月

# 目录

Wang Daohui

王道惠

王道惠，女，1934 年 6 月 24 日出生，江苏南京人。1955 年考入南京云锦研究所。1991 年退休。1985 年获得“南京市劳动模范”“南京市技术革新能手”的荣誉称号。中国工艺美术终身成就奖获得者、高级工艺美术师。

我刚进入南京云锦研究所时，有两位老艺人，三位美术老师。我跟张福永、吉干臣两位老艺人学习云锦挑花技艺的同时，还要跟陈之佛、朱枫、徐仲杰这三位美术老师学描图案。云锦的一整套工艺流程，从云锦的图案设计、挑花结本、机台装造到组织设计和最后的成品鉴定，我一共学习了6年多时间。就挑花这一部分，就分好几道工序，包括挑花、拼花、倒花。这些工艺流程都靠过去老艺人言传身教，没有文字资料的，只能一边工作一边学习。我经过6年的学习完成

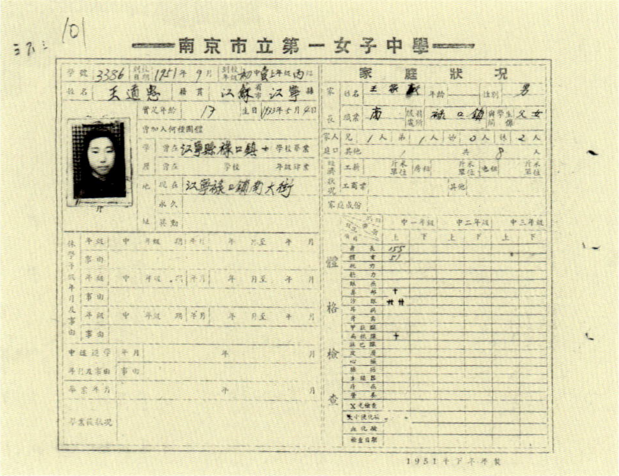
——南京市立第一女子中學——
家庭狀況
1951年下半年製

王道惠学籍卡（中华中学供图）

邬悉尔和王道惠在讨论云锦技艺

了考核，并且写了云锦工艺流程的文字资料，对研究所的所有资料进行整理、印刷，结集成册，把挑花、拼花、倒花这些工序都作为云锦的历史资料归档了。

你们要问我怎么进的云锦这一行，那就要从十几岁说起了。1954年6月，“云锦研究组”暂设在南京中兴源丝织厂，邀请了中国著名的工艺美术家陈之佛教授担任名誉组长，负责对南京云锦进行有计划的艺术整理和研究工作。1955年，当时为了抢救云锦，南京市文化局和南京市手工业管理局通过市教育局，在学校推荐的学生中来招录云锦学员。那时我是南京第一女子中学的学生，拿了学校的介绍信去报考的。考试在新街口的一个小学里进行的，当时考了四门课：语文、数学、政治、绘画。我前面几门考得比较顺利，但是考绘画的时候比较头疼，考卷上面没有东西，只有“云锦艺徒”四个字，当时我不知道什么是“云锦艺徒”，更不知道什么叫云锦。我还记得绘画是要求临摹黑板上的一朵椭圆形的花，考试用得纸是一张白纸，而花是对称的，我就把纸对折起来了，拿铅笔对着黑板测点，再拿铅笔在纸上定了个点，心想画半边就可以了，半边折起来就对称了。说来也怪，考试结束铃声响的时候我的画稿还没有完成，我就说：“老师，我交吧，来不及画了。”没想到监考老师（后来一起工作共事的徐仲杰老师）不收，很温和地说:“不着急，你做。”我原本坐的是后排，老师让我坐到前排慢慢画，他就坐在旁边静静地等，我硬着头皮把另外一边画好了，就这样糊里糊涂地考完了，后来我才知道那个花是叫莲花。考完后，我心想没戏了，结果接到了通知要去面试，面试地点在中山东路6号，两排桌子摆着，也不记得坐了多少人，我进去面试的时候，到最后老师们就反复问了我一个问题："学6年你能不能坚持？"我说："能学，学而不倦，我能坚持。"

我家当时不在南京，在学校读书时是住校，考上以后领导先把我送到了南京小彩霞街市手工业管理局干部学习班。干部学习班的辅导员是女的，喜欢叫我"小鬼"，因为手工业管理局干部学习班里都是各单位的党支部书记、厂长，而我只是个小丫头。学习班结业以后，我又被调去了文化宫。文化宫当时正在举办手工业产品展览会，分配我去讲解云锦，这时候我才知道什么是云锦。通过一遍遍的讲解，我第一次了解到云锦是我们祖国的瑰宝，享有国际声誉。从此，在我的脑海里才有了"云锦"这个印象。

1955年5月，我最终进入云锦研究所，开始学习云锦织造。白天工作完成后，晚上再到办公室接着学习绘画理论、素描、写生等，直到深夜电影院散场才

王道惠早期工作照

结束，虽然办公室就在胜利电影院楼上，但我6年间从没看过一场电影。

我进入云锦研究所后，才知道当初的监考老师是市文化局的美术干部徐仲杰老师，他给我发了一个笔记本和一支笔。我来的时候，云锦研究所有两位老艺人，一个留了“八字胡子”，我对他的第一印象，感觉他像个老爷爷一样，说话气喘喘的，他叫张福永。还有一位是吉干臣老师，当时我喊他们张老师、吉老师。我先和张福永老师学习挑花，张老师挑花，直接拿一个挑花钩对着一张画稿，就开始挑了。学了一段时间以后就又和吉老师学，吉老师用拷贝纸打了格子给学生们做，当时还没有意匠纸。就这样，我从两位老师那里学到了不同的挑花方法，一位是立体挑花，给一个画稿就挑，另外一位是有了画稿再经过打意匠格子后再挑花，后一种方法比较容易学。张老师的挑花方法“难学易精”，它难学，但是学成以后就比较精了，吉老师的技巧好学，叫作“易学难精”，通过放大，填意匠，上手快。他们从传统纹样设计、意匠稿的绘制、挑花结本到造木织机的教学等都是用“口传心授”的方法。传统的“师带徒”的规矩向来是传男不传女，传家人不传外人，而我不符合这两个要求。我跟两位师傅刚开始学艺时，他们不说话或者说话很少，气氛很严肃。师傅让你打几个结，你就照着做，如果要问为什么这样打，他们回答：“就这样。”他们教学时见不到一张纸一个字，全凭口传。后来我自己也学着边干边琢磨，慢慢地才明白里面的很多技巧和方法。在学意匠、挑花、拼花、倒花等工艺时我就记录下来，实在不懂时再向两位师傅请教。经过不断的努力，我的技艺也逐渐提高了，师傅们对我的态度也越来越好了，对我指点也越来越多了。

当时对学徒要求不仅是要会挑花，而且还要有绘画基础。同样的画稿，你有绘画基础了，才能画得好，更有利于后期的制作。不过，最重要的还是会挑花，按两位老师的话来说：“画，是纸上谈兵。”画画得好，反映到织物上面的效果怎么样，挑花这一步至关重要。不管是挑花，还是绘画，最终都要落实到“做”上的，通过一系列的组织关系，考虑怎样的排列、纹样设计、巧妙的方法将原始的设计忠实地在织物上还原出来。

张老师后来参加过北京的第一届老艺人会议。吉老师1959年还去过北京出席了国庆十周年的观礼。这两位老师对我都非常亲切，关怀备至，他们认为手艺能让我传下来很欣慰。张老师的挑花钩子大概有八寸长，他从北京回来后就把这个挑花钩子送给了我，并语重心长地说："这个就是饭碗，给你了。"吉老师从北京观礼回来，有一个国庆十周年的纪念章，他也把纪念章交给了我。从我个人来讲，两位老艺人对我比对待自己的亲人还要亲，当时他们都没有把技艺教给自己的孩子。我时常会看望这两位恩师，是吉老师和张老师家的常客。

我住在中山东路6号，手工业管理局的三楼。手工业管理局的干部都知道我，一看到我就喊"小艺人"，我被叫得糊里糊涂的，当时也不理解什么是"小艺人"，陈之佛教授喜欢喊我"小朋友"，有时也喊"小艺人"。当时陈之佛教授和我谈了一个问题，他说过去的云锦艺人教学生没有资料没有文字，问我知不知道。我说知道，陈之佛教授就指出要我边学边记。在陈教授的指导下，我才意识到自己一面学还要一面记录下来，学会思考与梳理。陈之佛教授对中国传统织锦工艺有很深的造诣。1960年左右，我经常去他家，用三轮车把他接到所里上云锦的课，当时他就住在南京艺术学院附近一个小山坡上面，陈教授的几位学生如喻继高、张道一、吴山等都和我很熟悉。陈教授平易近人，从不摆架子，不发脾气，是典型的谦谦君子，他对我这样的小学员也非常和蔼。"观、写、摹、读"四字诀是陈教授的金科玉律，他经常对我说："要记住老艺人、老前辈的经验，要勤学、勤问，老艺人是活字典啊！"陈教授的启发和教诲让我受益一生。

1957年，中国社会科学院考古研究所发掘了定陵地下宫殿，在万历皇帝朱翊钧和孝端、孝靖两位皇后的棺椁里发现了一批明代万历年间的丝织物。在定陵出土的3000多件文物中，丝织品具有很高的价值。定陵发掘之前，民间很少见到明代丝织品实物。定陵的整匹锦缎上，每卷上都有"腰封"，写着尺寸、时间、产地、质地等；每卷都裹着黄色的纸签，纸签上写着锦缎的名称、织造的年月、织料的尺寸规格和织造工匠的姓名等，从纸签上看是南京供应机房织造的。

当时，万历皇帝的棺椁一打开，我们看到了一件轻、薄、透的真丝袍料，上面用金线织着流云，还有十几条彩龙，彩龙像是在飞，龙身是翠绿色的。因没有足够的技术支持，袍料与空气接触后就迅速碳化了。棺椁中发现的三百多件丝织

明 · 红四合如意云纹地柿蒂形龙云肩通袖龙襕织金孔雀羽妆花袍料（王道惠参与复制，南京云锦博物馆供图）

品中，最高贵的就是这件纱龙袍料，专家们从未见过如此图案精美、工艺精湛的袍料，当时感到非常痛心，下定决心要把这件文物复制出来。后来专家们把这件袍料定名为“明红四合如意云纹地柿蒂形龙云肩通袖龙襕织金孔雀羽妆花袍料”（即文中纱龙袍）。

1978年，定陵博物馆找到了南京云锦研究所，提出来能不能由所里担当复制任务。当时云锦研究所所长是冯彧，他是个复员军人。对这项任务，当年所里有很多人是有顾虑的，但冯彧所长力排众议，决定接下这个任务。对方立即与所里签订了合同，共复制八件丝织物，其中就有纱龙袍、缎龙袍等，并当场开出30万的现金支票。

为了恢复龙袍本来的面貌，要对原物的色彩进行“追色分析”和“经纬分析”。1980年12月5日到1981年1月21日期间，我带着几个年轻人再次来到了定陵，临摹纱龙袍、缎龙袍纹样，也叫拷贝纹样。定陵博物馆的领导特意腾出一间办公室方便我们工作和起居。我们每天用放大镜和读数显微镜一根根地观测多种彩线的粗细及毫米数，并结合褪色的袍料样品，来判定原物的色彩差异、纹样组织结构，对照原物做了各种丝织原材料测试，并将图案上的千百种颜色一一分析出来，寻找出了各种图案的规律，绘制出整个施工图案和设计稿。接着我们又查询各种云锦史料文献，把袍料每一个局部的尺寸都详细地做了记录。就这样夜以

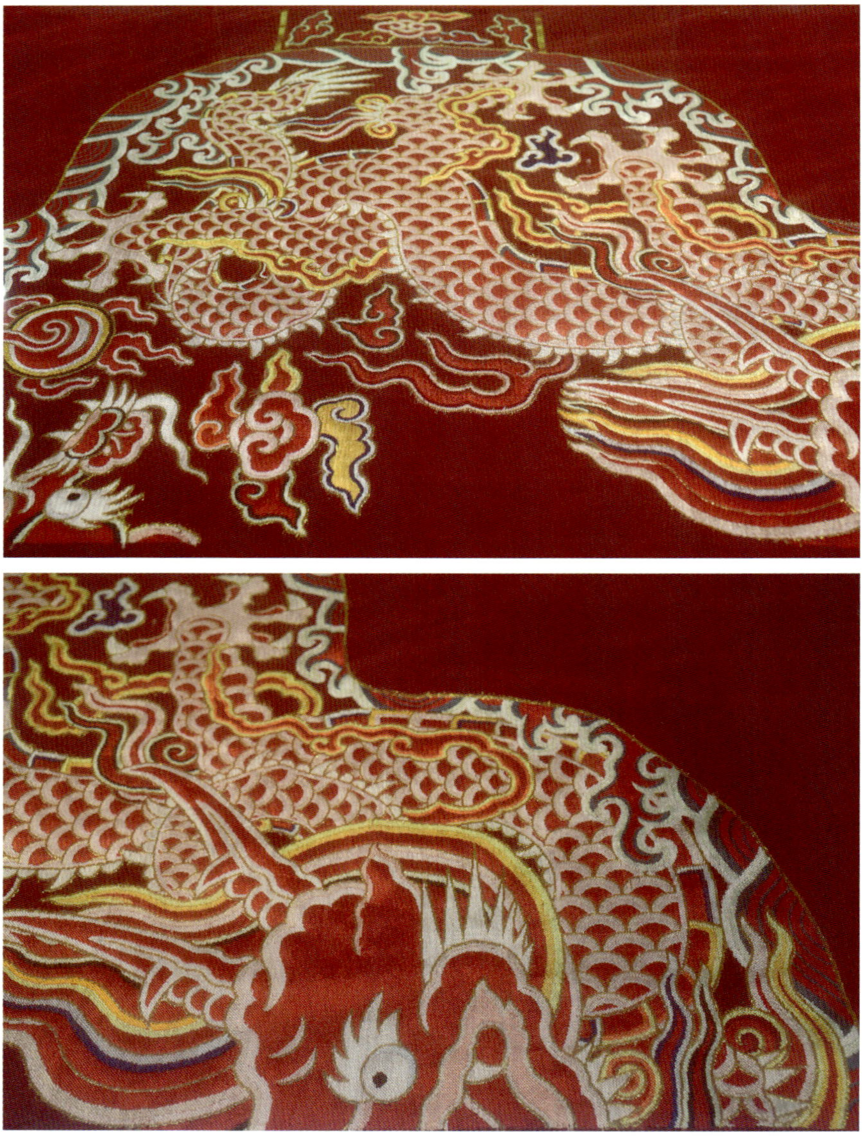

王道慧参与复原的龙袍纹样

继日地临摹了48天，终于完成了龙袍料的摹稿，记录下精确的数据。这种最原始的办法也是最有用的办法，为最后的织造做好了充分的准备。

1981年7月23日至8月25日，我第三次带着复制团队来到定陵，这次的任务是对照文物，完成纱龙袍意匠图的填绘任务，最后绘制出了整个施工图案和设计稿。1983年11月，花了5年多时间，纱龙袍料终于下机了。这件龙袍料长17米，宽70厘米，底料是绛红色真丝线，约有一万八千多根经线和十二万多根的纬线组成，薄如蝉翼，迎光望去，99朵云彩，海水江崖、金边彩晕等图案像一片片的红云。在红云上，用真金线、孔雀羽线、彩色真丝线织出了龙的图案，龙袍前襟、后背纹饰是柿蒂形，过肩盘绕两条龙，衣领有两条精致的小龙，双袖还有两条龙对应，膝栏有10条龙在戏珠，总共有17条姿态不同的龙，在底料上突出来，有一种浮雕般的效果。龙身的羽绒是立绒状，闪着七彩光泽，这是因为在加工孔雀羽线时，羽毛上的罴绒经过搓捻形成的效果。当人处在不同的角度看时，感觉龙似乎在红云中游动，颜色会变成蓝、绿、黑等不同色彩。袍料拼接后天衣无缝。

1983年11月30日在南京云锦研究所召开了“明万历织金孔雀羽妆花纱龙袍料”作品第一次专家评鉴会，来的都是首都博物馆、定陵博物馆、中科院考古所、江苏省市领导专家等，他们一致认为复制的匹料真实地再现了明代文物的面貌，成功地恢复了我国纱地妆花织锦技艺，是古今中外不可多得的珍品。定陵博物馆的领导十分满意和赞赏，首都博物馆馆长、原十三陵发掘队队长赵其昌说:“把以前断了线的东西恢复起来、研制出来，工作辛苦，这项成果会公诸全世界。它不仅是南京云锦研究所的光荣，也是中华民族传统文化的一部分。这项成果要写进《十三陵地下宫殿发掘报告》，载入明陵发掘史册。”

1984年，所里带着这件纱龙袍参加第四届中国工艺美术品百花奖评奖，获最高奖——金杯奖，在内地大小报刊、电视广播以及香港报刊反复地报道，一时很轰动。1985年3月17日至9月16日这件纱龙袍参加了日本筑波世博会并获金奖。那年我也因此获得了“南京市劳动模范”和“南京市技术革新能手”的光荣称号。

38年过去了，当年复制龙袍料时的手稿、丝织样品，研究用的放大镜、显微镜，甚至是线头和碎纱布，都还保存在我的家中。

口述采访组和王道惠的采访合影

老师们的辛勤教导，把我从一个什么都不懂的孩子培养出来了，我作为一座桥梁，应该起到承上启下作用。为了不辜负组织和老师的倾心培养，我尽自己最大的努力在传承云锦技艺，我取得的所有成绩都是属于研究所的，都是国家的。

采访时间：2019 年 7 月 20 日
采访地点：南京老门东正源兴绸缎庄
采 访 人：李欣乐　朱子秋　刘　甜
记 录 员：曹梦洁　陶宝琴
摄　　像：付辰昊　黄梓嘉
指导老师：丰华琴　葛　茹
核　　稿：管　静　肖妍娜
审　　稿：王　伟　王　宇　季红军

Guo Jun

# 郭俊

郭俊，男，满族，1948年2月4日出生，内蒙古呼和浩特人。1973年分配到南京云锦研究所。江苏省工艺美术大师、国家级非物质文化遗产项目“南京云锦木机妆花手工织造技艺”代表性传承人。

我这一辈子就做了云锦这一件事。对云锦的感情，我也不知道用什么词才能表达清楚，和云锦的结缘，应该是“一场意外”。我从小热爱美术，立志考美术院校，不曾想一下子没了考试的机会，还被下放到农村。本以为就此和自己的美术梦想挥手再见，却因为当时到处都需要画毛主席像、做宣传小报，我的美术特长便有了用武之地。农村没人会这些，有需要画画的地方，都来找我帮忙。也正是因为这个特长，我被调到了文化站，一边学习一边创作。1973年，因为母亲一人在南京，没有子女在身边，我选择回到南京。恰好那一年，南京市工艺美术公司需要招聘70个人，我以非常优异的成绩被选上了，结果，分配岗位时，我被云锦研究所的老师带回所里。我之前压根不知道云锦是什么，被选进来后，觉得工作单位名字后面有个“研究所”，挺好听的，便留下来了。最初接触云锦，第一感觉就是好看。因为没有接触过这种设计，也觉得新奇。也就因这最初的一点好感，我与云锦便结下一生的缘分。

当时的研究所人不多，但各有分工。做设计的只做设计，做织造的只管织造。我进入研究所后，先是在设计室学习设计，除了基础的素描、色彩知识，更重要的是学会在设计的过程中不断转换思路。因为有绘画底子，我被优先安排学习，先是去市轻工业局学设计，后来去中央工艺美术学院特艺系，研修“装饰绘

《万寿中华》（郭俊供图）

画”“壁画艺术”“东西方美学”。

回忆起学习调研过程中印象最深的趣事，要数去山东菏泽写生那一次。那时，研究所里的设计师们一起去画牡丹花。由于当时照相技术并不普及，需要认准一朵花，每天按时到达地点去画，这一画就是一个多月。今天是一个花苞，明天开放了一点点，后天又是另一个样子……这个过程很辛苦，需要过人的耐心才能坚持，而画笔在我的手中似是有了灵魂，一朵花绽放的全过程活灵活现立于纸上。我自己很享受这个过程，从不觉得枯燥，也不觉得累。每次写生完都能带回来大量的图稿，如果编辑整理，完全可以编一本关于牡丹花卉写生的书。

有了这些学习的经历，再回到云锦研究所时，我依然“如饥似渴”。当时云锦研究所里的人都算是我的老师。记得有一位叫沈宛的老师，在研究所只管资料，很少和别人有交流。有一次我去看资料，沈老师就在旁边跟我说了两句话，指着设计图告诉我，线该从什么地方出来，还有图上纹饰与纹饰之间的关系。就提点了这两句，对我来说够受用一辈子了。当年我被安排去中央工艺美院学习一年，回来后，觉得时间太短，自己还想再学习一年，就和徐仲杰老师说了这个想法，徐老师很支持我，就想办法让我去中央工艺美院又学了一年。在云锦研究所干了20年后，我当上了设计室主任。总结这20年的工作经历，其实我一直都处于学习的过程。

离开研究所不到两个月的时间，我就被招聘到装潢公司。但是我不懂建筑，更不懂室内设计。凭着自己在中央工艺美院接触过的零星知识，再加上当时也有同学是学这个的，私下交流，就这样披甲上阵。不到两个月的时间我就掌握了装饰工程各种图纸的设计技法。我的设计深得客户喜欢，公司领导便让我组织大的工程设计。现在想起来，云锦这个地方太培养人。云锦装饰艺术，代表了中华民族千年积累下来的文化传承，一旦掌握这个，出去再做其他东西，就太从容了。后来找我的人很多，我也不需要给装潢公司做设计，而是成为职业的设计师，有一段时间甚至还自己带队伍做工程。

回想起来，原来在单位一个月能拿两三百元就不错了，出去工作以后，一晚上做设计画的图就能挣两三千元。

2000年左右，南京云锦研究所因为工作需要迫切地需要补充技术力量，就派人来找我。我得知这个消息后，觉得自己一辈子心系云锦，于是决定回来帮助他们设计一些作品。

当时所长让我画一幅九龙图，我就埋头作画，干劲十足。十天画一条龙，九条龙三四个月也就完成了。虽然九龙图完成了，可是一看当时的情况，我一下傻眼了：做设计不用动笔，全换成了电脑操作。

电脑在云锦设计中的运用越来越普及，但是达不到云锦设计的真正精髓。这么大的图放在电脑上，看到局部看不到整体，看到整体看不到局部。更为迫切的

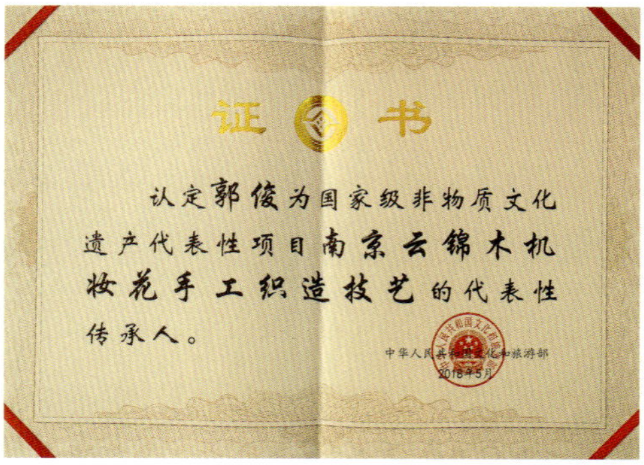


郭俊获得的“南京云锦木机妆花手工织造技艺代表性传承人”证书

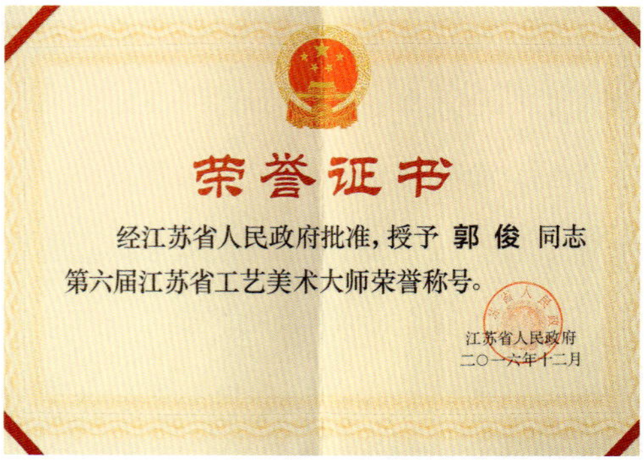


郭俊获得的“第六届江苏省工艺美术大师荣誉称号”证书

《花团锦簇献吉祥》（郭俊供图）

是，没有意匠，没有挑花，怎么做得出好的云锦，我便一心想要重新找回云锦。于是，我找过去的师父，请求他们传授这门技艺。为了适应现在的大幅作品，我重新设计了挑花机，过去是一个只有60厘米的小框子，现在是一个完整的设计门幅，宽度达到2.5米。云锦有一种魅力一直在吸引我，直到今天，很多前人的作品依然无法超越。以前的纹样历经多个朝代的演变，越做越精致，直到无可挑剔。无奈的是，如今纹样设计得太快了，反而欲速则不达。

云锦传承最大的问题是电脑，电脑跟我完全对立。做云锦设计就是要动手，用电脑那不是设计，是搬搬抄抄、拼拼凑凑。自己的设计，每一根线条都要反复修改几十遍，才能找到它的位置。画图都是今天画好了，满意了。第二天再看，新问题就会显现出来，有问题就改，一旦改这个局部，其他通通都要改。

说起云锦的传承，最重要的就是云锦的图案与纹样，传统的纹样往往很难超越，所以临摹也是学习云锦中必不可少的一环。临摹不是说拿一张拷贝纸摆在上面照着描，而是说一张图摆在旁边，在另外一张纸上对着画，这样才能体会前面的作者付出了多少劳动，每一笔是怎样表达的，自己能不能表达得更好。很多时候，是很难临摹出先前味道来的。电脑是给人们带来很多方便，但对于搞艺术这方面活动的人来说，依赖电脑，自己就把自己毁了，你永远不知道这条路是该怎么走的，就算学个几十年下来，也肯定不会有什么成绩。我反复强调手工，是在说明一个观点：单纯的拷贝无法复刻云锦的精髓。因为优秀的纹样都是每一位新的作者根据老的纹样不断地优化，优化到没办法再动它一笔的时候，那才是精彩的作品。因而优秀的纹样绝不是一个作者就能够完成的，它需要历史的沉淀。

现在很多年轻人嘴上说着要学习云锦，但事实上不过都是在电脑上把别人的作品拿来，然后变个形或者是换个位置，出来的东西是一个拼凑，是个杂烩。就比如，原来这个鸟在这幅作品上，它飞行的姿态要结合作品的整体意境，是根据作品给它留下的空间呈现的。而生搬硬套的鸟，一旦离开了原先的环境，状态也不复从前。云锦的设计，必须重视空间互相之间的关系，画面中任何元素之间都是有一个非常密切的联系，如果在画的左下角改了一个部分，那么它造成的影响很有可能会一直延伸到右上角，但电脑设计没有这个概念。人们常说的栩栩如生，仿佛下一秒图案中的鸟儿就会展翅飞向天空，而东拼西凑的鸟儿，连画面的左下角到右上角的距离都无法飞过。

口述采访组和郭俊老师的合影

《大慈大悲观世音菩萨》（郭俊供图）

《龙腾万里》（郭俊供图）

对于云锦何去何从，我无力左右，只希望自己的工作室能培养出一两个继承衣钵的弟子，设计出符合现代审美取向的云锦，努力让云锦走向收藏品市场。只有得到艺术品收藏者的认同，云锦才能让自己的高贵血脉生生不息。无论是云锦的设计者还是云锦的收藏者，只有了解云锦的历史，才能深入感受云锦之美。

在云锦研究所20年的学习，我学到了很多的东西，储备了相当多知识。那时大家为了学习都拼了命，也许不完全清楚是为了什么，但是充满了一种热情去做这件事情，生怕浪费掉时间，因为年轻的时候是特别宝贵的。年轻的时候是形成你这个人的基本状态的，找到你的路径，找到你特别感兴趣的，又愿意为它不断地付出的一份事业。当然学习是整个一生都在进行的，直到现在我还在不停地学习。

2015年，我随南京云锦极致精华馆参加意大利米兰世博会，那是我第一次站在世界时尚中心。我希望有人能做得比我还要好，有竞争才能不断向前。忠于信念，从未改变。我虽然一辈子都没有考取什么专业的美术院校，却很庆幸自己一辈子都在从事有关云锦的工作，从最初写写画画，到云锦的设计，到室内设计，直到如今又回归到云锦。

采访时间：2020 年 1 月 3 日
采访地点：郭俊工作室
采 访 人：朱光耀　张　奕　岳伟琪　沈　慧
文字整理：朱光耀　张　奕　岳伟琪　沈　慧
摄　　影：赵亦伟团队
拍　　照：蒋　浩
指导老师：管　静
核　　稿：管　静　肖妍娜
审　　稿：王　伟　王　宇　季红军

Wu Xi'er

# 邬悉尔

邬悉尔，男，1949 年 12 月出生，重庆人。1973 年 11 月进入南京云锦研究所工作。江苏省非物质文化遗产云锦传承人、江苏省工艺美术名人、高级工艺美术师。

我叫邬悉尔，今年70岁，从事云锦这个行业46年，我的荣誉称号有两个：江苏省非物质文化遗产云锦传承人，江苏省工艺美术名人。我从事的工种是设计，曾先后三次获得国家工艺美术大师金奖。

其实，我一直都把那些荣誉称号看得很淡，只管干活，申报荣誉的时候别人问我，你不知道吗？我常常真不知道。荣誉称号的高低不代表手艺的高低，你看古代鲁班也没有这些称号。我耳朵不好，人也不够灵活，不太会交际，这次我希望能够好好地讲一讲云锦，把云锦这项工艺好好传承下去。

---

邬悉尔获得的“优秀民间艺术家”荣誉证书

2000 年邬悉尔获得的首届中国工艺美术大师作品暨中国工艺美术大师精品金奖奖牌

1966年毛主席号召说要学工学农，我就跟着父亲去南京钢铁厂体验生活。我的耳朵就是在钢铁车间震坏的，白天一说话就头痛，晚上还耳鸣，到处去找医生治病却总治不好，因为神经坏了不能修复，我当时非常悲观。后来父亲根据我画画的爱好，鼓励我发展绘画方面的技术，父亲到处找关系，甚至让大学老师辅导我画画，到最后我画得越来越好，受到很多老师的夸赞，说我在这方面有天赋。

《神威长存》（南京云锦博物馆供图）

20世纪60年代末，当时绘画人才缺乏，而那时我还不知道云锦是什么。不久之后，工人文化宫有一个工艺美术展览，我看到了耀眼夺目的云锦作品，于是要求去画云锦。

1973年，云锦研究所的老前辈们都年纪大了，为了培养新人，需要到社会上招工。当时国家财政负担不过来，研究所作为事业单位是不能招工的，但是企业单位可以招工，所以研究所挂着市工艺美术公司的牌子招工了。当时市工艺美术公司的人来浦口面试，他们认为那时找美术基础好的人很难，但看了我的美术作品，一致认可，又觉得我的耳聋不太影响工作，于是就录用我了。

市工艺美术公司的领导特地把我安排在云锦研究所，公司领导对研究所领导说："人给你招来了，好好培养，这个小鬼不错。"我进了云锦研究所后，师从云锦大师朱枫，所长要求朱枫老师三年内要把我带出来，我合格了他再退休，当时朱枫老师已经59岁了，头发胡须全白，显得很苍老。有一天所长领我到老师跟前说："跟老师好好学，将来超过他"，我说："怎么可能呢"，老师说："青出于蓝而胜于蓝”。我当时很感动，一个老前辈这么说，让我觉得很有希望。我又回想起残疾后，父亲一再鼓励我要自强自立，有所作为，并拿贝多芬的故事鼓励我说，只要有手艺就有前途，让我更加坚定了学会云锦的信心。由于我的听力不好，师傅手把手地向我传授秘诀，用“橡皮擦”训练了我的“半毫米”功力，这“半毫米”功夫对我学云锦来说很重要，让我能在成千上万格子的意匠画稿中，一眼就能够看出问题。我虽然戴了助听器，听力还是很弱，有时候不明白老师说了什么，就自己拼命想，多画几张，总会有一张可以“交作业”。朱枫老师后来就干脆在我的设计图纸上直接改动，时间长了，我也渐渐摸出门道，有时候线条只改半毫米，整个格局就豁然开朗了，艺术创作的规律正是如此。我三年学满后首次设计面料，便获得老师首肯，老师也放心地退休了。我设计的那个面料多次作为云锦样品参展，公司专门为此布置橱窗进行宣传。这个面料也畅销了三十多年，很多社会名人都曾用它做成衣服穿在身上。可以说，我设计的这个面料为云锦争了光。能做到这样，我对自己的努力得到了回报感到欣慰，残疾人并不比健全人差。

我的老师退休时，有很多东西需要整理，都是关于云锦精髓的手稿，而且有些技法需要保密，需要信得过的人去帮他整理。因为我的素描技术好，眼力高，眼睛的功能高于手的功能，后来都是我帮他的稿子手工放大，做得又快又好。

云锦工艺的传承，我一直很关注。所谓门道，都是在不停地学习、制作、研究中自己摸索出来的。我在专业方面深得老师真传，对于传统云锦图案很有把握。我认为云锦代表了中国最高丝织语言，这点是毋庸置疑的。

现在云锦市场质量参差不齐，如果没有专家指导，这样下去，我们只是徒有一个云锦的帽子，但那不是艺术，是代替“木机”的工业机器所生产的产品。真正的云锦是靠传承人一代一代相传的。云锦最重要的是一个“魂”字，以能展示出云锦图案特殊艺术风格为最高标准，外面的仿冒品都失去手工韵味，只有其形没有其魂。因此我想将更多更好的作品带给大家，让更多人用心感受云锦的美。

文化是为大众服务的，带传承人比得金奖更重要。以前老一辈的艺术家、学者为了追求心中的艺术，为了做学问付出了一生，这在我们这个时代是很难得的精神了。很多人跟我说，你赶快带徒弟啊，不然要失传了，但我怎么带徒弟呢，

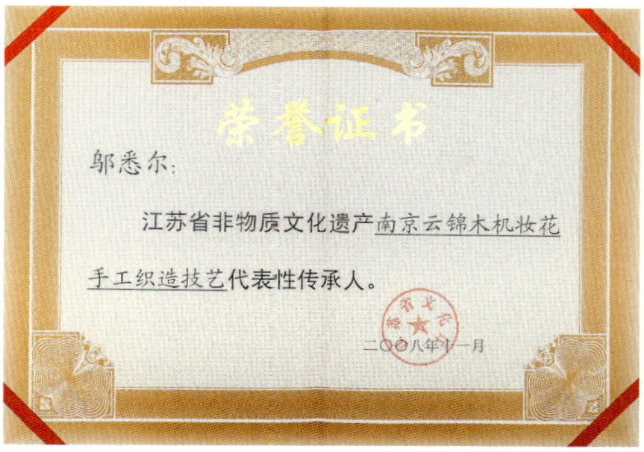


邬悉尔获得的“南京云锦木机妆花手工织造技艺代表性传承人”证书

云锦金宝地《富贵牡丹》

学的人和能学下去的人真的很少。其实，我从2009年就陆续开始带学生，但是年轻人沉不下来去学，很多人都耐不住寂寞，没能坚持下来。做学问、做手艺都要耐得住寂寞、守得住清苦，能做到这些确实很难。

到了我这个年纪其实可以养老了，但不行，我在云锦上面花的心血太多了，逢年过节，周六、周日我都不休假，都在干活。我这么勤奋是想将耽误的时间抢回来，多做一些好的作品留给后人。我不能把云锦技艺带进棺材里，一定要让它传承下去、发扬光大。因为我的耳朵不好，外界跟我沟通太不方便了，虽然我文化水平不高，但我要把好作品做出来让大家看到。到现在我都最感谢父亲对我的鼓励和指导，没有父亲就不会有我的今天，他给了我太多的帮助。

新中国成立后，云锦主要是为少数民族地区服务，比如西藏、新疆、内蒙古。改革开放以后，少数民族也不太穿云锦制品了，云锦没有了市场。后来国家文物局资助云锦研究所开始复制龙袍和经典的云锦织物，对旅游开发、经济贸易、对外宣传、文化遗产保护都有好处。

记得在1978年左右，南京云锦研究所与定陵博物馆签订了五年合同要复制定陵的龙袍，从签订合同以后，先复制了一批。定陵博物馆请了北京故宫博物院专家来南京验收，看了之后否定了。领导来找我，问我什么原因，我说被改过了，我告诉他们要复原就应该是完全一样的。那时云锦研究所经费紧张，经费用于人员工资等开销后就所剩无几，没有复制费的时候要到处借钱。所领导考虑要把目

《真金南无观世音菩萨圣像》（南京云锦博物馆供图）

前的东西搞出来，已经耽误了三年，再没搞出来复制经费也没办法还，所领导很着急。后来研究所领导让王道惠老师带队，点名让我和她一起干，她很看重我对手艺的态度，很信任我，把我拉到北京。我们分析前期复制龙袍失败的原因加以改进后，织了一部分拿给北京丝绸方面的专家看后获得一致通过，接下来加班加点把龙袍给织出来了。这件事情在北京引起非常大的轰动，国外的报社也发表了文章进行报道。后来我们复制的龙袍参加了在日本名古屋举办的世博会，日本人没见过这个东西，提出来要看反面，派去的中国代表不允许看反面，而且反面是木板封钉的，根本看不了。从那以后，每一次对外文化交流，龙袍都作为最高代表拿出去展览，如今仍然是展览的重头戏，因为太宝贵了！现在龙袍在北京十三陵博物馆和南京云锦博物馆各有一件，都是作为镇馆之宝。

云锦制作工艺相当复杂，经过前期绘图、放大、意匠、上色、挑花等程序，由两位工匠在织布机上部和下部同时操作，为的是同时用丝线、金线以及孔雀羽线等精细的材料织出美丽的图案。要织一幅78厘米宽的锦缎，在它的织面上就有14000根丝线，所有花朵图案就要在这14000根线上穿梭，从确立丝线的经纬线到最后织造，整个过程如同给计算机编程一样复杂。这种工艺至今仍无法用机器替代。云锦有上千年的历史，凝聚中华民族的文化精粹，而且云锦是任何人都可以看见的，文化普及意义很大。像我朋友说的，要把国画和云锦结合起来，作为中国文化传承下去。我的看法是：古代的艺术家大大地突破了传统云锦工艺，创造了龙袍品种，这是纺织史上的一个高峰。在这个高峰上再想来一个大的突破，很不容易，现在社会上很多人想试着复制龙袍，但是很难达到原先那个工艺水准。

我从1973年进南京云锦研究所，到1990年离开。以后虽然单位有变动，但我始终没有离开云锦行业，我觉得一个人的心态非常重要，有活干就有奔头。我身体不好，在云锦艺术研究这个岗位上，已经干了46年了，只要我还活着，就会一直做下去。我希望你们将来宣传的不是我个人，而是我做云锦这项工作的实质性意义。

我现在最大的希望是云锦艺术能传承下去，传承人要脚踏实地，要有一定的绘画功底，要做好云锦图案的创新，但更重要的是要有为保护、传承、弘扬云锦奉献一生的精神！让云锦瑰宝永远璀璨。

妆花缎的说明（邬悉尔供图）

云锦图样（邬悉尔供图）

采访时间：2019 年 7 月 20 日
采访地点：南京老门东正源兴绸缎庄
采 访 人：李欣乐　朱子秋　刘　甜
记 录 员：曹梦洁　陶宝琴
摄　　像：付辰昊　黄梓嘉
指导老师：丰华琴　葛　茹
核　　稿：管　静　肖妍娜
审　　稿：王　伟　王　宇　季红军

Zhou Shuangxi

# 周双喜

周双喜，男，1955 年出生，江苏南京人。1973 年高中毕业后分配到了云锦研究所实验工厂。国家级非物质文化遗产项目“南京云锦木机妆花手工织造技艺”代表性传承人、中国织锦工艺大师、江苏省工艺美术名人、优秀民间艺术家，2019 年第三批十大“南京工匠”。

我从小是在南京的一个工人家庭中成长起来的。1973年我中学毕业后被分配到南京市工艺美术公司实习。半年后，公司领导就问我愿不愿意去云锦研究所当织手，我一听去研究所，这名字好听，就答应了。1974年下半年，我就和其他四个人一起被派到南京云锦研究所当织手。

我当学徒的时候，师傅是新中国成立前开始织云锦的，到了我进来的时候其实中间已经缺了好几代人了。每天我要先给师傅打水、扫地、准备好茶水，这之后再做织造前的准备工作，如挂交、理断头等。师傅来了，先喝口茶，然后上机织一段，我就站在旁边看。20多天后师傅开始教了，先教我打对结。我学打对结时，师傅是不看的，但他在织机上边放两个螺丝垫片，垫片正下方放两个脸盆，如果我没打好对结，手一松，垫片就会“咣当”一声掉进脸盆里，就会挨师傅骂。两个星期后，我一分钟能打五六个结，算合格了。

打对结合格后，师傅让我站在机子旁先看他干小活，如找断头、掏头等，然后再教我。半个月后，我再爬到花楼织机上看师傅怎么拽花，如果出现断头，师傅们就休息去了，就由我来接。又过两个月后，师傅开始教我学拽花，拽花的第一步就是掏线，刚开始学掏线时，线绳经常会把我手的虎口处撸得开裂，冬天还好点，夏天手上有汗，线绳又潮又涩，我手的虎口处经常疼得钻心，手里的活还

周双喜在工作室

不能停。我想戴手套，师傅不允许，说一戴手套，手的感觉就不对了。一直等到我手的虎口处起了老茧，才不疼了。渐渐地，我拽花的速度跟上了师傅在下面织造的进度了，师傅在下面织机上纹刀一响，我在上面就把花提起来了。师傅对我的配合很满意，就这样一年半后，师傅准备教我上织机学织造了。

师傅在下面织机上织，我还是在花楼上拽花配合他。他休息时，我就从花楼上下来坐在织机上先练端平架子，然后手里拿一只梭子，不停地用手腕练习打空梭。熟练后再练抛梭，抛梭时要求手腕要柔软，梭子抛出去要平，不能蹦，这样又练了三个星期。我记得那时一到晚上胳膊疼得抬不起来，师傅还要求我平时坐着都要抱着胳膊。

我当时的师傅姓顾，叫顾惠源。他过去家里条件不好，不能上学，便从小学一门手艺。大约六七岁时他就被送到机房，做一些力所能及的杂活。新中国成立以后，他就分到了这个中兴源丝织厂，但是到中兴源丝织厂后，我的师傅已经不织云锦了，而是在里面干一些小活和杂活。他退休以后在家里，1973年的时候中兴源丝织厂又把他请来做我们的师傅。

过去云锦传承的方法是口传心授。其实我觉得现在这种方法已经过时了，为什么呢？以前的师傅没有什么文化，连字也不会写，我师傅发工资的时候他没法签名，就用手印按一下。这些师傅没办法，他要把很多东西变成口诀，这样才能记得住。现在我们都有文化，把道理搞懂了，不要背口诀，有些东西记下来就可以了。那时口传心授是没有办法的办法，好多东西失传也就是由于当时条件限制。现在就不一样了，我们可以记录。我跟师傅做学徒的时候，他会教我口诀，我没有死记硬背这些口诀，我知道把颜色分为冷暖，怎么搭配更好看，不需要背一些口诀，我的颜色也搭配得非常好。所以说好多东西随着时代的变化而变化，旧时代只有口传心授，才会让技艺失传。过去，云锦技艺还传男不传女，思想很保守，我们现在就没有这种保守思想了，只要你愿意学，无论男女都可以。

我觉得对任何东西而言，创新都是一个永恒的话题。云锦以前是御用的，但不代表它现在这个图案我们不能用了。也就是说在继承传统的基础上，咱们要顺应时代的变化，然后被现在的人们所接受，不是说我自己凭空就创造出的这个东西。现在有的设计师会走到误区里面去，他就凭空想象地画，画完以后织出来，别人会问这是云锦吗？甚至有的时候织出来，一些织绣大师看了，认为这一面像绣的，这就不对了，为什么？因为你变了样了，人家不认识你了。我觉得在创新上面，一定要把传统很好地继承下来，然后在这个基础上顺应时代的潮流，这些是我个人的看法，我觉得我们后代再去学习云锦，一定要先把云锦传统的东西吃透、搞懂。现在都提倡国学，但是好多人他只知其然不知其所以然，因此一定要把它搞懂，然后你再去创新，创新出来东西以后，人家还认识这个东西才行。

一般我们把制作云锦分为四道工序：第一道就是图案设计，画图案；第二道是做意匠，填意匠纸；第三道工序是挑花结本；最后一道工序是装机织造。我接触云锦是从织造开始，我们知道过去织造工人是很辛苦的，工作的地方以前叫作机房。那时你说织云锦大家都不知道，你一说做机房大家都知道了。所以当时云锦织造是比较苦的，在云锦行业还有一句顺口溜叫作“前世打爹骂娘（就是说你这个人不孝顺），今生落到机房（受惩罚了），冬天不能烤火，夏天不能乘凉”，进而说明云锦工人的苦，机房的苦，所以做这个工作的人非常少。

在我多年的从业经历中，我感到最难、最复杂、最具有挑战的就是从事文物复制工作。复制不是仿制，是原物的再现。比如明代的织机上打纬的筘都是用

明 · 织金寿字龙云肩通袖龙栏妆花缎衬褶袍（周双喜参与复制，南京云锦博物馆供图）

纯手工削的竹片，有的硬有的软，在织造的过程中形成了许多筘路，留下了不平整的痕迹，这些痕迹都要在复制件中呈现出来。现代织机上都用钢筘或不锈钢筘了，织出来没有痕迹了，不能用于文物复制。

20世纪80年代的时候，我们接到了国家文物局下达给我们的任务——复制定陵出土的这一批云锦。定陵是国家组织发掘的第一座帝王陵，是明朝万历皇帝的陵墓。里面出土了600多件云锦的面料、龙袍，以及其他各种各样的云锦织物。从1980年开始一直到现在，经过这么多年，我们目前只复制出90多件。你们以后如果有机会可以去北京定陵看一看，它有展示丝绸文物复制的展馆，里面好多新龙袍和其他面料，都是我们复制的。

我们这么长时间的不懈努力，确确实实是给国家留下了很多宝贵的非物质文化遗产作品。我记得我们刚开始复制这批东西的时候，条件很艰苦。云锦上腐烂的部分要靠手把上面的图案描下来，而且那个时候我们都很年轻，也就20多岁，就全部住在定陵，一住就是一两个月，就趴在上面专门描这个图案。那个时候也没有数码相机，全是靠手工在那儿画，画完了以后，图案损坏的地方要把它补好。回研究所以后，一件东西一般都要做两三年时间，有一件妆花缎龙袍料我们做了五年时间才把它复制好。所以那个时候条件比较艰苦，不像现在，用数码相机一拍，在电脑上面图样恢复得很好。我这么多年从那么艰苦的环境到现在，就感觉随着社会的发展，手段是越来越多，但是干这行的人越来越少。

所里组建团队开始复制“柘黄地妆花龙襕缎直身龙袍料”，一份发掘报告和一件损毁的文物，就是当年我们复制团队复原的依据。龙袍的织法我们以前从未见过，更谈不上织过。接下龙袍复制的任务时，我的师傅们年岁已大，干不动了。我的技艺相对成熟了，有幸参与了这项工作，成为复制团队中的主要织手。10个月后，龙袍顺利下机，我提前完成了任务，年底拿到了300元奖金。这笔钱帮我还清了债务，给孩子买了些奶粉，给家里添置了自行车、电风扇等固定资产。1989年“织金妆花缎四合如意云纹龙袍料”这件复制品被评为江苏省第六届轻工业优秀新产品奖，目前这件作品仍在定陵博物馆定期展出。

如果把丝织界比作一个金字塔，云锦是站在最高点。我们国家的丝绸文化也是很丰富的，一些文字带“绞丝旁”的都与丝织有关系，比如锦缎，杭州的织锦缎也好，用来做旗袍也很漂亮。但是呢，真正达到丝织界最高点的是以妆花为代表的云锦。这个是现代机器还无法完成的，必须要用传统的织机，用手工去做。因为现在电脑再发达，你只能做一些图案，但是织造你还是得用织机，达到的效果叫逐花异色，这是机器无法取代的。所以说我们云锦申请上人类非物质文化遗产，也就是因为它是机器取代不了的。

我接下来重点解释下云锦这个名称。实际上它在历史上不叫云锦，它叫什么呢？它叫妆花缎。我们举个例子，就刚刚讲的那个云锦（采访时看到的黄颜色的龙袍），它全称叫“明黄地织五彩金龙纹妆花缎龙袍料”，名字很长容易记不清。你们看过《红楼梦》应该也知道，《红楼梦》里面有很多衣服的名称都很长，就没有讲云锦这个名字的。后来人们给它起名叫云锦，是因为它大量地使用云纹，又像天上的彩云一样，正好我们历史上有蜀锦、宋锦，那么我们就称作云锦。云锦的名称就是这么来的。

云锦过去主要用一些龙、凤等与皇家有关的图案，因为它专门就是为皇家服务的。实际上，那个时候云锦是一般老百姓见不到的。但是后来，通过这么多年的复制以后，云锦逐渐进入了老百姓的生活。我认为云锦图案中主要包含了三种文化：第一种是皇家文化，很多图案专门为皇室服务的；第二种是宗教文化，有佛教用的、道教用的云锦，我们到西藏去看布达拉宫，会发现里面用得云锦上有好多动物和人的图案，包括藏八宝；第三种是吉祥文化，属于达官贵人用的，一般皇家是不用的，像富贵（牡丹）、多子（石榴）、多福（佛手）、多寿（桃子）这些都属于吉祥文化图案。现在，我觉得复制皇家使用过的一些云锦图案还是需要的，宗教文化图案的云锦也是需要的。我们老百姓现在的生活条件好，最需要或者是最能用的也就是吉祥文化图案的云锦，“吉祥”“福”“寿”等图案都是现在老百姓比较容易接受的。

我从1973年到现在，这么多年从事云锦工作，一天也没有离开过云锦，我18岁开始做，今年已经64岁了。我坚持了这么多年，中间也没有怎么间断过，他们有时候就会问我，你做云锦有什么体会，我觉得这项传统工艺一定要坚持，要对得起这项工艺，做好传承。我在2018年被评为“南京工匠”，他们叫我发表一下感言，我说就是一句话：“我们一辈子认认真真做好一件事。”

我真没想到自己会成为大师，我认为成为大师的唯一的捷径是这么多年就做云锦这一件事情，最起码我能把云锦的道理说得懂。几十年坚持下来也是非常不

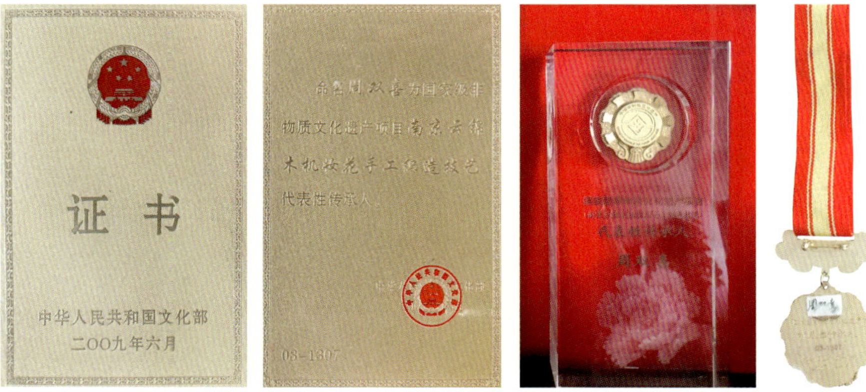


周双喜获得的“南京云锦木机妆花手工织造技艺代表性传承人”证书、奖杯、奖牌

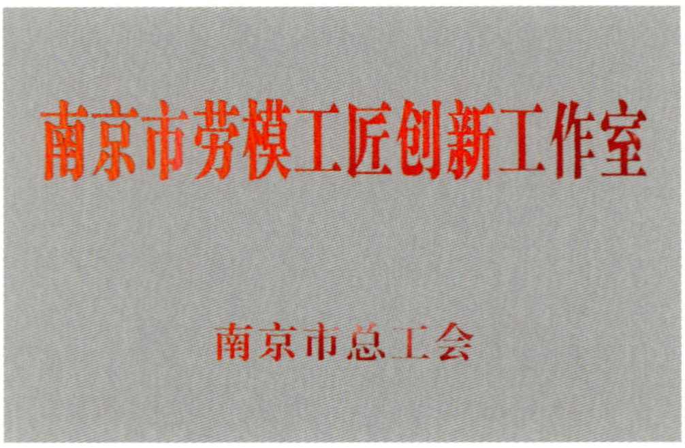


南京市劳模工匠创新工作室（周双喜供图）

容易的，一辈子就做一件事，做什么都是大师。

南京云锦有其文化内涵，越是传统的东西，越有生命力。一定要在传统的工艺学好、学精的基础上创新，这样织造出来的作品才能获得大众的喜爱，才能更有市场。云锦的生命力在于变化，但推陈出新一定要“守住云锦的根本”，传承南京云锦，不仅仅是要把这门技艺传下去，更重要的是把这份文化传承下去。

采访时间：2019 年 7 月 20 日
采访地点：江苏省文化创意展示中心
采 访 人：李欣乐　朱子秋　刘　甜
记 录 员：曹梦洁　陶宝琴
摄　　像：付辰昊　黄梓嘉
指导老师：丰华琴　葛　茹
核　　稿：管　静　肖妍娜
审　　稿：王　伟　王　宇　季红军

Dai Jian

# 戴健

戴健，男，1961 年出生，江苏昆山人。1978 年进入苏州丝绸工学院就读丝织专业。1982 年毕业后分配进入南京云锦研究所工作。2005 年进行云锦复织研究至今。研究员级高级工艺美术师、南京市首届工艺美术大师、江苏省工艺美术大师。

1961年8月，我出生在昆山的一个教师家庭。1977年恢复高考后，1978年我幸运地考上了苏州丝绸工学院丝织专业，学习纺织理论和现代丝绸的制作工艺、原材料准备以及成品制作、后期等专业知识。毕业后我被分配到南京云锦研究所工作，从下车间到工艺整理、工艺设计，一直干了二十多年。当时在我的印象中云锦是非常古老的丝绸织物，与我学习的现代丝绸制作知识差别很大，但实际上原理基础和工艺技术都是相通的。慢慢地我就掌握了云锦的独特工艺，也参与了很多云锦品种的复制。

2005年以后，我很多同学都改行了，但我还是想在自己熟悉的专业中坚持下去，就成立了工作室。期间，参与了一家企业有关云锦产品的制作，以我为主承接了故宫博物院等一些文博单位的订单。2010年，我成立公司，一是为了生存，更重要的是我的工作相对来说是我所热爱的，而且当时已经比较熟练，是这个方面的行家，相较于从头再来去开拓

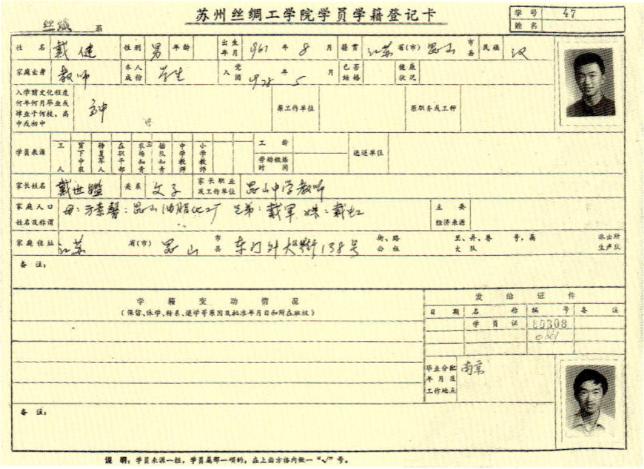

苏州丝绸工学院学员学籍登记卡

丝织 系

学号 47

姓名 戴健 性别 男 出生年月 1961年8月 籍贯 江苏省（市）昆山市县 民族 汉

家庭出身 教师 本人成份 学生

家长姓名 戴世瞻 关系 父子 家长职业及工作单位 昆山中学教师

家庭人口姓名及称谓 母：方素馨：昆山油脂化工厂 兄弟：戴军 姊妹：戴虹

家庭住址 江苏省（市）昆山市县 东门外大桥街138号

备注：

学籍变动情况（保留、休学、转系、退学等原因及批准年月日和所在班级）

发给证件 日期 名称 编号 备注

学员证 85308

戴健学籍卡（苏州大学档案馆供图）

清 · 香黄地九翔凤江崖海水纹凤袍（复制品）

清 · 黄缎织彩云金龙锦褂（复制品）

新领域，做老本行更得心应手。

公司目前有4台织机，可以制作不同需求、规格要求的云锦，这几年也复原了一些像龙袍一类的大型品种。按古法制作龙袍的话可能需要五年之久，我下了很大决心，改进技术用十三个月的时间制作出了一件龙袍。虽然现在大家对复原的定义不同，但我做的时候是从技术、图案、色彩都尽量地接近原物。新做的一件是雍正年间的龙袍，这是龙袍中的精品，质量和技术要求非常高。制作的时候细节不能有丝毫差错，龙袍是要对花的，所有的工艺细节都要统筹起来，只要是差一点点，就会前功尽弃，非常考验工艺技术。这件龙袍完成后业内评价非常好。有了龙袍的经验，我又开始复原乾隆年间的凤袍和一品官袍，现在正在做一件凤褂的准备工作。这些大型云锦都是精品，包含了云锦最高的工艺技术和品种。

南京云锦首先是丝绸的一大类，它自己内部也是多种多样。其中，妆花是云锦中最辉煌的一个品种，技术工艺最成熟、效果最好，一般用于龙袍等高档面料。妆花可以“同花异色”，每朵花虽然图案相同，但颜色不同。妆花中最难的工艺是妆花绒，这种织物要求用云锦工艺在起绒织物上织上花纹，因为技

黄地团龙凤缠枝花卉妆花缎（复制品，戴健供图）

术要求高，非常精细，专为宫廷服务，所以早就失传了。我曾经主持妆花绒的复原，当时将云锦大花楼织机跟妆缎起绒的织机结合起来，重新设计了三层经丝的织机。我们知道云锦妆花织机是一层，宋锦织机是两层，起绒的妆绒织机、妆缎织机也是两层。妆花绒为了达到挖花的目的，必须要有三层。织造的程序也相当复杂。因为云锦复制过程中经线机台装好之后不好调整，经过一年多的反复研究、实验，才织出长达100米的匹料。这一次对我们的锻炼很大，对云锦品种的丰富也是贡献很大的。

《南京云锦》书影

余下来的品种，例如织金、织锦，跟一般丝绸的品种有些接近。在丝绸品类中织金叫织金锦，属于锦类的。织锦的各种花型、各种图案不涉及挖花工艺，织造机台的装造、图案的设计相对简单一些。我曾经写过《南京云锦》一书，把基础的丝绸品种和云锦品种的具体差别，特别是工艺上的差别做了整理和总结。过去人们对云锦品种、图案设计的整理很详细，基础理论和主观艺术方面的总结比较完整，但在工艺技术上，对原材料、织造过程的细节就采集得不够丰富，应该说这本书介绍得还是比较全面和专业。

云锦是非常细致的一项工艺，涉及的内容非常繁多，耗费的时间很长，一件作品从设计到产出要一年甚至更久。对人的要求就是“莫等闲”，不管是不是分内的事，只要是属于这项工作里的都要了解，这样子才能成长。有的人光做自己的事，或者光把一块事情做好，那么永远就停在他那个岗位上不会进步，所以“莫等闲”就是要多做才能成长。

有一句话说云锦就是“美如天上的彩霞”的锦缎，这种定义不是很全面。首先，云锦有地域性，仅在南京地区；其次，它要使用传统工艺大花楼织机织造，而不是现代机器仿造，材质方面一定是真丝、金线等高档材料，织造技艺是熟织，用各种彩色的经线纬线织造出来；再有，云锦的图案艺术很有特色，它的特点是金线包边，织出来金碧辉煌，北方地域的人们比较喜欢，它用色块过渡，比如一朵花，有深有浅地过渡，一般有两晕色、三晕色，或者四晕色；最后，云锦色彩也非常丰富，将很多较深的颜色糅合起来，再用金线调和，即使是大红大绿也不会觉得难看。有的传统云锦面料是以串枝花纹为主的，花纹绵延不息，花和藤蔓连续反复，完全衔接。云锦最重要的品种是龙袍，从下摆一直到肩膀，图案不重复，由纬面的密度决定工程量的多少。而且龙袍是定位花型，术语叫织成工艺，是按龙袍的裁剪尺寸织花，需要裁剪掉的部分就不用织花。现在的云锦产品更接近现代艺术，跳出了金包边、色块过渡这些要求，变成了对卡或者泥点过渡。曾经有一种云锦产品是按各种色点深浅为密度来掌控的，这种变化现在叫云锦画，是一种跳出了传统图案的工艺表达方式。

在工艺技术上，云锦涉及的组织结构非常多，缎地的、纱地的、平纹地的、斜纹地的、绞纱地的和起绒地的。技术人员要有组织结构的概念，比如说云锦传统工艺里的经密和纬密，决定了图案的精细程度，做龙袍经密就要高，做普通的产品经密可以低些。我们现在大多数用的是1800根，就是78厘米宽的云锦里面有1800根纤线控制11000根经线的运动，如果1800根改成2300根、2400根，那么每根纤线控制经线的根数就少一点，那图案就会更精细，用现在的话说就是像素更高了。另一个控制图案的重点是纬密。纬线一般常用的是1厘米16梭，比起丝绸相对粗糙。但我们织龙袍的时候，纬密要达到23、24、25梭，甚至为了表现袖口的小龙纹、云纹，达到1厘米26梭。所以，普通云锦一天能织5—6厘米，织龙袍就只能织2—3厘米。另外，配色也不同，普通的大概用七八种颜色，但是龙袍基

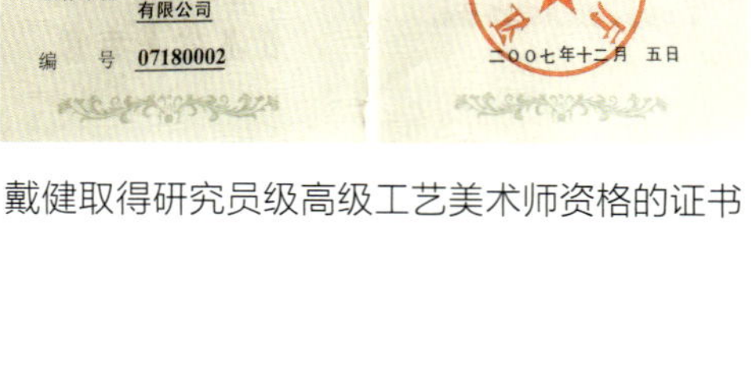


戴健取得研究员级高级工艺美术师资格的证书

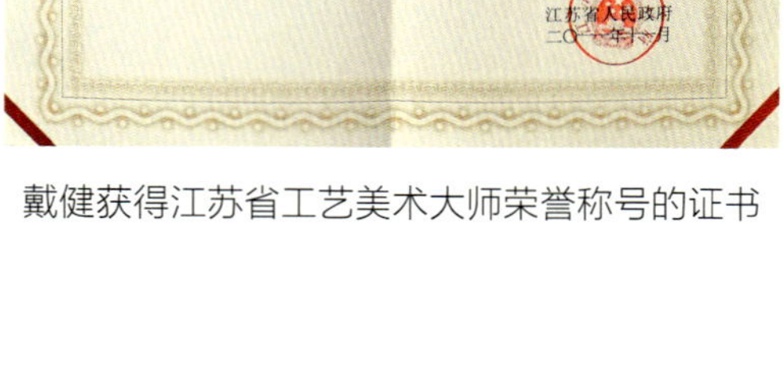


戴健获得江苏省工艺美术大师荣誉称号的证书

本都在20多种颜色以上。有时设计的时候是相同的色彩，织造的时候还要再分不同颜色，最终真正涉及的颜色大概要40—50种。这个就是图案、品种、密度、织造效率的关系。

现在云锦的传承不理想，一是市场需求不大，经济收入少，年轻人愿意做的越来越少；二是很辛苦，更导致没有人肯学。从长远来看，对于云锦的传承人，一定要全面培养。首先在学校打下扎实的基础，然后有目的地学习不同师傅的优点和特长，综合起来全面提高；其次要有这个领域的理论学习，做云锦要懂丝绸、原材料、组织结构、工艺等知识。如果要做云锦大师，还要精通艺术，会设计有寓意的图案，搭配颜色与之呼应，要同时精通技术与艺术两方面。

云锦行业里的从业人员也需要转换思路和努力方向，适应现代的传承需求与大环境。现在大环境慢慢好起来，国家扶持力度很大，这种时代背景下的云锦应该怎样发展，这其实是个难题。首先，非物质文化遗产的项目要走市场路线，要求产品丰富，不仅要有传统优秀品种，更要有创新的文创产品，在诚信的前提下，细分高档的云锦和市场化的大众产品所面向的市场；其次，云锦的研究性项目也非常

口述采访组和戴健老师的合影

2013 年戴健将其作品《孔雀》赠送给沙特皇室

重要，要从本质上搞清楚，才能发掘出过去那些辉煌的东西，将它们按照原貌恢复出来。所以，要传承好云锦，市场性和研究性同样重要。其实这些都在发展的过程中，传统与现代怎么结合创新，材料、技法、题材能不能改变并得到承认，都需要慢慢去检验，是否会产生很多新的用云锦表达的艺术形式，都很难说。

最近我在做一个风褂，因为人手少，都是自己挑花，独立完成的工作量很大。我们长期干这行的都有职业病，现在做云锦跟过去不一样了，我就认认真真做下去，把好东西做出来，也是一种传承吧！

采访时间：2019 年 7 月 17 日
采访地点：南京江南丝绸文化博物馆
采 访 人：卞雅雯　陈海棠
记 录 员：孙贺龙　李　涛　唐雨薇
摄　　像：林子涵　李　骁　付辰昊　黄梓嘉
指导老师：丰华琴　葛　茹
核　　稿：管　静　肖妍娜
审　　稿：王　伟　王　宇　季红军

Chen Ping

# 陈 平

陈平，女，1940年出生，江苏常熟人。1962年毕业于江苏师范学院（现苏州大学）中文系，毕业后分配到南京第九中学任教，担任过班主任、语文老师、大队总辅导员。1976年开始从事文博工作，在梅园新村周恩来纪念馆资料室工作。1982年调任到南京市文化局。1993年担任南京市文物局副局长至退休。退休后，先后被聘为南京博物院院长助理及江宁织造博物馆筹备组负责人。

我记得小时候自己喜欢把名字“平”字加上“草字头”和“三点水”，我觉得这样很好看。当时被父亲发现后，把我训斥了一顿，父亲跟我强调道：“你生于抗日战争年代，人们都渴望着和平。所以你的平字是和平的平，而不是浮萍的萍。”这段话让我铭记至今。

我在南京市第九中学做过15年的中学老师，培养出很多优秀的学生。那时的孩子基本都是传统家庭教育出来的，懂得努力上进。现在他们都成了国家的栋梁，“青出于蓝胜于蓝”是对老师最好的褒奖，也是我做老师最大的幸运。

20世纪60年代初，我被分配到南京九中语文组任教，课余时间，我凭着自己的兴趣爱好，考取了江苏省广播电台的业余广播剧团。得益于一些节目的播放，我在师生中有了一些知名度。

1976年我被调往梅园新村周恩来纪念馆资料室工作，主要研究国共谈判史。在那个阶段我认真研读了中国共产党与国民党谈判斗争的过程，这对我的人生观产生了重大影响，从那时起我便立志加入中国共产党。1980年我终于得偿所愿，成了一名光荣的中国共产党员。1982年我被调到南京市文化局文管会，后又被派往南京市政府文物普查办公室担任内勤工作，开始从事更深入的文博研究。1993年南京市成立文物局，同年我被任命为副局长。后来有过几次调往别的单位的机

著名画家庄天明先生为陈平所作的画像

陈平任南京郑和研究会理事长的证书

会，由于我对文物的深厚感情，我选择继续留下。我曾在一些学会担任过职务，例如中国文物研究会常务理事、中国古都学会常务理事、中国红楼梦学会常务理事、南京郑和研究会理事长、南京历史文化名城研究会副会长，还曾被特聘为《中国文物报》的特约记者。

说到云锦，我想从云锦的抢救开始讲起。1982年国家颁布了相关文件，把南京确定为全国26座历史文化名城之一。南京市政府布置了一项开展全市文物普查的任务，要求摸清家底，搞清南京到底还遗存多少文物古迹。当时我们组织了一个规模比较大的文物普查宣传队，各区县、各有关单位都调派人手，在每一个地区张贴标语，让老百姓寻找文物古迹并向上汇报。我当时被安排在文物普查办公室做内勤，负责把记录的所有信息上报，分类统计文物古迹的现状。老百姓一开始不了解什么是文物普查，于是我们就去大街小巷宣传，让老百姓们明白这件事，然后把他们动员起来配合我们的工作。老百姓积极性很高，甚至有些老人把很重的城砖都提到我们那儿去鉴定，这个普查活动还是搞得如火如荼的。在普查过程中，我们第一次接触到了云锦，当时有人来报告，说这个云锦跟《红楼梦》有关系，让我们最好去看看。后来我们就调查学习云锦的相关背景资料，发现云锦这项工艺真的非常了不起，不仅仅是和《红楼梦》相关，更是和清朝康乾年间整个纺织业的发展都有着密切的关系，是南京的文化印记。我非常感动的是，通过实地调查，我们得知从前在夫子庙地区、秦淮河两边有很多老百姓从事和云锦相关的事业。秦淮河两边很多人家都有织机，因为房子比较矮，他们就把地面往下挖一些，再把织机放下去，叫作“坑机”。就像书里描写的那样吧，“秦淮河畔，机杼声声”，家家户户都在织锦，可见当时云锦行业还是很兴旺的。南京当时有三万台织机，从事织锦和云锦辅助行业的工匠有十万人之多。

南京白局演出照（南京市民俗博物馆供图）

还有南京白局，也是因为云锦业而发展起来的。云锦的工人在织造的时候是非常枯燥的，因为一天只能织一寸，所以他们就编一些歌谣在工作时对唱，白局就是根据这些歌谣内容发展起来的。另外，南京金箔的抢救也十分重要，因为它是云锦的主要原材料之一，所以这么看云锦对南京的影响很大。当我们发现这项传统工艺时，已经没什么人会了，之前那么多的纹样也丢了，我们真的很心痛，就决定一定要抢救。于是我们先是上报到市人大、市政协，他们都很支持我们的想法，后来市人大、市政协的相关领导到云锦织造现场看了，发现只有两台破旧的织机，上面还挂满的蜘蛛网，领导们说这个要抢救的，然后就决定把70万借款改成拨款，用于

陈平参加海上丝绸之路南京遗迹图片展活动

陈平参加云锦数字化保护成果展开展仪式

云锦的抢救与恢复。我们当时高兴得不得了，觉得云锦真的有救了。

聘书

兹聘请陈平女士为南京云锦行业协会顾问。聘期自2013年12月至2018年12月止。

南京云锦行业协会
二〇一三年十二月九日

陈平任南京云锦行业协会顾问的聘书

抢救云锦首先就是要恢复云锦的纹样，寻找这些纹样是件不容易的事。一些老的云锦匠人会收藏一些，还有比较多的一部分在南京博物院。南京博物院大概有三十几件云锦制品，而且都有落款的，上面写有江宁织造或者江宁织造府。不过织物不好保护，需要不断的复制，南京博物院愿意拿出来给我们拍照做样。有一次我有幸进南京博物院的库房去考察，发现有很多唐卡、经书还有装经书的锦盒上都有云锦制品，很漂亮，我很惊讶原来云锦和宗教也是有很深渊源的，我更加坚定认为云锦必须抢救。

在南京市委、市政府的大力支持下，我们先恢复成立了云锦研究所，找了几台机子，先织一些比较普通的东西，看看能不能先产生一些旅游产品的价值。保护下来以后我们又想在江东门那边成立了一个云锦博物馆。很多文物我们要到其他地方去征集，甚至复制，所幸得到了各界的支持，最后云锦博物馆也建起来了。同时我们觉得对《红楼梦》的研究也必须要跟上去，毕竟云锦的抢救是一个综合的工程。在一批老艺人的努力之下，也成功复制了一些云锦产品，把部分面料做成领带、围巾、挂在房间里的装饰品等。当时最受人们欢迎的云锦图案就是龙，特别是带有小的团龙和牡丹花纹的云锦，在市场上卖得非常好。那时，我们把云锦技艺申报国家级保护时，还不叫非物质文化遗产，是叫技艺保护。

下一步的规划就是把南京城墙和南京云锦的保护同时提出，去参加有关方面的国际会议，把联合国教科文组织的人请来，让他们了解南京城墙的同时也了解南京云锦。我去参加相关会议，国外专家始终问一个问题，就是云锦织造为什么不能用机器代替。因为想要获评人类非物质文化遗产的话必须证明这项工艺是纯人工的，机器可以代替就没有资格参加评选。当时我们的解释还是比较浅显的，去问了很多专家，他们也很难讲得透彻。后来我们向国外专家说明云锦工艺、图

蝙蝠纹

案组织设计、织造原理都是非常复杂精细的，它实际上是了不起的作品，带有个人的审美和技巧在里面，所以机器是不能代替人工的。我们还强调云锦品种中机器代替不了的主要就是妆花，因为如果用机器代替的话，有些地方没有人工的松紧和调配，比如说金丝，金丝有一种是圆金，有一种是扁金（用金箔划成细的线织进去），要求织造时必须平整，否则看上去就是花的，这和织工的织造水平有很大关系。另外是圆金线的制作，它也是有松紧的，这和人的精细操作有很大关系。云锦作品蕴含着织工的审美，图案寓意丰富，就比如"福如东海""寿比南山"，"福如东海"一定是一种海浪，"寿比南山"它是一个山型的"寿"，蝙蝠取其谐音"福"，所以它是有"福"的寓意在里面的。机器只能生产一些简易的、色彩比较单一的产品。

我们在云锦申遗过程中，国外专家对云锦工艺感到非常惊讶，惊讶于我们的云锦如此惟妙惟肖，居然是用一种简易的木头织机织出来的，觉得不可思议。比如龙袍，你们看它后面那个线结打得非常多，能装一卡车，就是用这样的木头机器织出来的，可见古代科技的高超。在这个过程中我觉得最伟大的就是通过放大形成很多格子，每一个格子实际上就是一根丝，经线和纬线，比如说几根经线旁边的要提

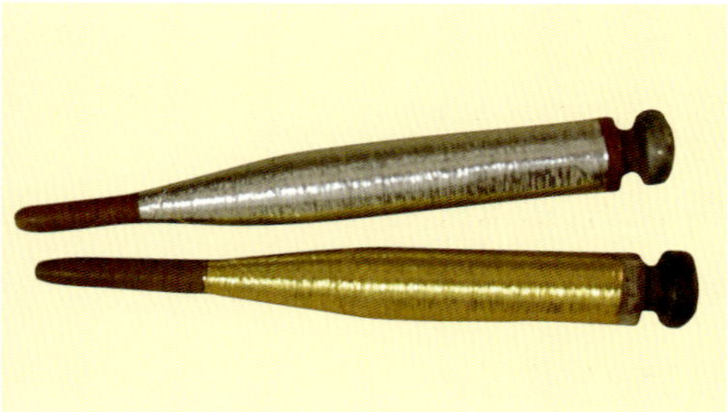

云锦原料金线和银线

起来，再织进纬线，如果纬线是黄色的，这一部分就是黄色的，提起来的线也全部都是黄色的，一根线穿进去，非常细，你们想想，它是丝啊，那么细，他要这样的穿是非常不容易的。在织机上面提线的人叫拽工，拽工提线有口诀的，应该几上几下，两个人都有对应的，所以呢这个也是一个非常微妙的东西，编出这个程序的人是非常伟大的。此外经线上需要打结，那么打结又是我们古代传下来的，古代没有文字，原始人他要记忆的话，必须通过一些实物来帮助记忆，那么他今天做了多少事情，就用一根麻绳或草荆打结，叫打结计事法，学历史的应该知道，云锦的技艺实际上是延伸了打结计事法这个原理。可以说云锦是全世界最高的织造技能之一，而且是集全国纺织之精华，集各民族纺织之精华。

云锦作品的背面看起来是非常粗糙的，但是我觉得它比刺绣还要精细，因为要综合完成，不是一个人完成，需要人与人配合。云锦的原料中有一种比较特殊的材料叫作孔雀羽线，《红楼梦》中也有记载。后来有人把这一些情节画成画或者小人书，画得是用一根孔雀毛去补，就造成了一种误传。实际上不是这么回事，实际上它是把孔雀毛上一段一段小的绒毛摘下来以后搓在线上，然后再织进料子里头去，主要用来织龙袍上龙鳞的部分。孔雀羽线最大的特点就是织进去会有一种立体的感觉，再一个呢，因为孔雀毛的原料非常好，它的颜色随着灯光的亮度会转变的。比如说你在室内，灯光不是很强的情况下，它是墨绿色，如果你用灯光照，它是翠绿色，有时候根据灯光的晃动，还会泛一些红色。所以它是会变色的，这个也是其他国家所没有的技艺。

云锦的所有图案里面最难织的就是人脸，特别是人的眉毛。如果有一根丝有一点扭曲，那整个眉毛就会是扭曲的。有一幅云锦是牛郎织女主题的，人物的眉毛就像画上去一样，这就是织的功劳，有的人想假冒，就自己用笔去画一画，这是胡闹，把整个作品都破坏了。还有马王堆的素纱襌衣，当时第一次复制的成品不行，后来又复制了两次，发现要用当年养的蚕，吃当年的那种小的桑叶，这样吐出的蚕丝才能够织出来特别细的丝。所以花费了很多功夫，耗时好几年，才复制了这样三件。一件给了马王堆，一件就放在云锦博物馆，还有一件展出。素纱襌衣也很令国外专家惊讶，说明我们的技巧是非常科学、非常高明、非常精湛的，云锦是全人类的财富。曾经丝织业最发达的地区是南京，那时有大量的手工业者在南京从事这方面劳动。

还有一个就是我们有很多染料，尤其是一种叫“靛蓝”的染料，我们到现在都没有破译。南京博物院也利用这些蓝色染料去做过瓷器，但是始终跟原物有差距。包括云锦，染色之后也有差别，当时到底用的什么样的东西来做的，现在想象不出来，我们也出土保存了一些当时蓝色的小块样品，拿去化验，也化验不出来。所以说世上还是有东西等待科技进步去发现的，这些问题就要交给全人类来研究了，这也是我们云锦的独到之处。

云锦的服装文化主要体现在它的寓意上，我们经常讲前程似锦，就是因为云锦所寄托的美好寓意。元代云锦开始逐步发展，元朝的统治者喜欢把金银用在织物里，因为他们是游牧民族嘛，比较喜欢穿闪光的东西。到了明代云锦就进入了非常发达的时期，明代虽然简朴但也用了很多金银去做漂亮的图案。云锦真正鼎盛是在清代，特别是以皇宫服装为代表，这是达到一定的高峰了。有个国外的专家看了云锦以后说，他不仅看到了漂亮的料子、花纹，还看到了里面的灵魂，他说你们中国真是太了不起了。

历史上，郑和下西洋，在宝船上带了很多东西。到了一个国家，他们都是穿着云锦官服去见这个国家的国主，那时候叫藩主，当地人一看简直是太惊讶了。因为有些地方还处于荒蛮状态，当地人甚至还在用树皮、叶子、麻做衣服，跟我们的丝绸是不能比的。那时，郑和出去完全是和平外交，所以他们都很感动，特别是浡泥国王（浡泥国就是现在的文莱），他一定要跟着郑和的宝船过来，要看一看我们的国家，后来因为生病没能回去，就葬在了南京。再后来浡泥国来了140多人，要把他们的国王带回去，于是郑和再次作为使者护送了这一行人回国，还送给每个人一件云锦制成的衣服，希望他们可以记得两国的友谊，这也体现出云锦在和平外交中所起的作用，所以云锦申报人类非物质文化遗产是当之无愧的。

我们的领导在参加联合国的一些会议发表演讲时，谈到云锦都是非常自豪的。我们的纺织文明是几千年积累而成的，特别是我们蚕丝的发明才有了后来的丝绸之路。南京是我们陆上丝绸之路和海上丝绸之路的交汇点，这个必须要清楚地认识，所以我们南京必须抓牢这些资源大做文章，这项工作是非常有意义的。我也很希望我们后继要有人，必须是为我们的事业去做，不是为名利而去做的，需要有自我牺牲的奉献精神，能够为后人留下一些东西，这是我们中华民族的骄傲。

南京云锦（保护）国际研讨会会议材料

云锦在申报人类非物质文化遗产的过程中有两个难点我记忆犹新。第一个难点在于英文版的申报材料，因为需要翻译得非常准确，但很多专业名词英文里没有合适的译意，当时请了很多翻译专家，但是有些名词还是翻译不出来，当时真的挺着急。因为如果翻译得不好就缺乏说服力，像我们这样又没学过英语，真的是一点办法没有。就只能不停地找专家，找翻译公司，最后又送到北京，请北京的翻译专家，还有故宫的研究员帮我们翻译，所以说这个工作我们做得非常累，但好在也是给后来人留下了一个范本，让申报有了一个基础。第二个难点是申报文化遗产它有很多要求，比如我们城墙，原物要保留三分之二，如果没有三分之二的是不给申报的。那么云锦也是，要考察你当时的手工技巧有多少保留，要有文字说明的，还要有一些实物的反映，比如说这个料子出来了，这个纹样出来了，难点在哪儿，是需要说明的。因为纺织物跟别的文物不一样，纺织物保留下来是非常难的，我们只有不停地高精度复制，才能传承下去，这个情况还要跟联合国教科文组织做单独说明。幸亏故宫博物院、南京博物院和西藏布达拉宫等地保存了一些当时的料子，特别是万历皇帝定陵出土的龙袍，很能说明问题。龙袍的保护非常难，因为纺织物在出土的时候很快就氧化、烂掉，保存这个要很高的技巧，所以为什么有的墓葬不能发掘，就是这个道理。

现在云锦已被列入《人类非物质文化遗产代表作名录》，足见当年的抢救与保护是十分有意义的。希望现在从事文物保护事业的工作者们，特别是云锦的传

口述采访组和陈平老师的合影

承人，应执着于云锦的发展，加强深度研究，加强文创产品的开发，在文化上、经济上得以双赢！

采访时间：2019 年 7 月 18 日
采访地点：南京江南丝绸文化博物馆
采 访 人：顾晴明
记 录 员：苑姜月　李若娴　董若汐
摄　　像：林子涵　李　骁
指导老师：丰华琴　葛　茹
核　　稿：管　静　肖妍娜
审　　稿：王　伟　王　宇　季红军

Xu Fengmei

# 徐凤梅

徐凤梅，女，1953 年 3 月 8 日出生，江苏南京人。1972 年考入苏州蚕桑专科学校，毕业后留校任教。1986 年进入江苏省丝绸总公司。曾担任江苏省蚕桑学会、丝绸协会的秘书长，是南京江南丝绸文化博物馆创始人。

1972年，那个时候我还在农村插队，有一天，大队妇女主任告诉我有个机会可以去上大学，她跟我说，你以后就学蚕桑。其实当时，我还有机会上华东政法学院的，但是那个主任跟我说，学蚕桑以后还回到我们农村来，我就选择了苏州蚕桑专科学校。1972年我进了苏州桑蚕专科学校，当时学校第一批学生招了108名，在这108名学生当中只有我一个报了蚕桑志愿。那时候我对这个学校的名字根本也不了解，大队妇女主任讲了一下，我就写了蚕桑两个字。那时工农兵大学不像现在填志愿那么严谨，所以我也就阴差阳错地成了我们108个同学当中唯一填蚕桑志愿的。毕业以后，我也有幸留校工作，我是第一届留校的毕业生，过了一年时间，就开始上蚕桑的课了，一教就教了11年。苏州蚕桑专科学校后来与苏州丝绸工学院合并，现在叫苏州大学了。我就此真正地进入丝

苏州蚕桑专科学校第一届毕业生合影（苏州大学档案馆供图）

苏州桑蚕专科学校校门（苏州大学档案馆供图）

绸这个行业了。上大学的时候，也就不到20岁，从此以后，我就没有离开过这个行业，至今在丝绸行业做了近50年。

1986年，省里组建江苏省丝绸总公司，这是一个蚕桑、丝绸、贸易一体化的丝绸公司，我正好是南京人，省丝绸公司去苏州蚕桑专科学校调人，看看有没有懂技术的人来支持这个公司，我就从苏州调到南京来了。回南京后，因为我在高校的工作经历，我先担任的是科教，面对全省的丝绸、蚕桑，接触面比较广，后来就一直从事这个方面的工作。丝绸这个行业，听起来好像就是农民养蚕缫丝，工人再用蚕丝进行织造，没什么东西可学的，但我还是学了三年多，到丝绸公司工作后，又学了很多相关知识。虽然我学了那么多年，但到现在很多东西都没有完全掌握，包括我们老百姓讲的绫罗绸缎是什么，还有丝绸跟云锦是什么关系等等。丝绸还涉及种植业、养殖业，包括病虫害的防护，真菌、病毒、细菌等等，这些我们在工作过程中都接触到了。在我们教学过程当中，还发现《本草纲目》当中有很多对蚕桑的记载。蚕桑有很多作用，比如现在抗雾霾，如果你肺不好，我们有桑茶可以用来调理。桑还可以抗病毒，古代对抗瘟疫，三味药里有两味是桑枝、桑根，它就是天然的抗生素。桑的钙含量非常丰富，桑葚的花青素含量是葡萄的十倍。桑还有天然的美白修护作用，可以做人工皮肤，用来修复皮肤。所以说丝绸真的是内涵非常丰富

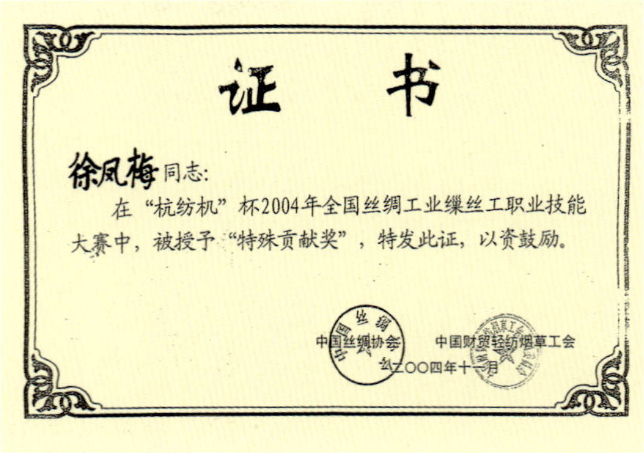
证书

徐凤梅同志：

在“杭纺机”杯2004年全国丝绸工业缫丝工职业技能大赛中，被授予“特殊贡献奖”，特发此证，以资鼓励。

中国丝绸协会　中国财贸轻纺烟草工会

二〇〇四年十一月

徐凤梅在职业技能大赛上获奖的证书

的行业，也挺有意思的，还跟我们的生活息息相关。

我认为丝绸是世上最好的东西，丝绸及其衍生品，既环保健康，又高贵舒适。我一直坚信并传播这样的理念：“最好的蚕桑在江苏，我们要让更多人享受到江苏丝绸的美好。”

自那段工作经历后，我说今后我要有机会的话，一定要做一个博物馆，在这个博物馆里通过展示告诉人们丝绸到底是什么，为什么一个蚕宝宝吐的丝能有一千多米；让人们知道丝绸的历史，讲蚕桑跟丝绸的关系；讲丝绸里面有多少种品种，云锦跟丝绸的关系；讲清蚕桑、丝绸和商业文化的关系；讲清南京跟丝绸的关系。现在大家都知道苏州、杭州与丝绸关系密切，却不太知道南京，实际上在丝绸历史上南京占有很重要的地位，一个是管理上的地位，一个是在丝绸技术上的绝对地位。所以我的博物馆既要讲历史，更要讲老百姓对丝绸那些不清楚的地方，所以，我们给这个博物馆起名叫江南丝绸文化博物馆。加上“文化”二字，就是告诉大家我们不仅是一个产品的展示空间。很多同类博物馆其实是文物或产品的一个展示，并没有进行文化梳理，我想我们做的博物馆跟他们不一样，我们一定要另辟蹊径，让老百姓参观后真正有收获，走进博物馆，他可以通过一两个小时，就对整个丝绸行业有个基本了解。

当时在做这个博物馆的时候，首先没有想过站在个人的角度上来宣传自己，所以博物馆里看不到一张我的照片。其次，我是苏豪集团的，我也不是站在一个

徐凤梅参加活动现场照片

企业的角度上来讲这件事情，而是站在整个行业的角度上来讲丝绸的故事。所以现在来参观过这个博物馆的人，包括当时的中国丝绸协会的会长、副会长和秘书长，他们就给了两个字评价——原创，跟任何博物馆都不一样。

要说博物馆怎么办起来的呢？我五十三岁那年，都快要退休了，当时是担任江苏省丝绸协会秘书长。那时苏豪作为外贸企业要做内销，他们觉得我比较合适，因为我对整个货源市场情况比较熟悉。我当时觉得不能再做这个事情了，但是自己心里对这个行业确实有感情，而且建博物馆也需要资金，我就答应尝试看看。2007年的时候，苏豪集团搬到了软件大道去了，市里原址整个大厅都空出来了。我就跟领导讲，这个市里大楼还叫苏豪大厦，那我们要利用它搞一个形象工程，在市中心做一个示范点展示一下我们的产品，领导也很支持，所以我们就开了第一家店。

后来，我还开了丝绸旗舰店。当时江宁织造府旧址的一块地被浙江人买走了，我就一直关注着这件事。有一天，正好市商务局的一个领导到我办公室跟我谈事情，谈了以后他说有事要去江宁织造府（博物馆），我说："你认识他们馆长吗"，他说："认识"，我说："我想一起去，看看能不能在里面开个店"。于是我跟他一起去见了王金平馆长，馆长说："你来迟了，博物馆已经试营业了。"我说："这是织造府，一定得有个丝绸商店"，馆长听完觉得很有道理，然后他去看看，刚好还有一个地方，不知道做什么好。浙江人以前也来谈过，而且副市长也去找过他，但他觉得都跟织造没有多大关系，认为我这个想法挺好的，还可以根据馆的内容做一些丝绸纪念品，后来就把这块地方给我了。当时离正式开馆差不多只有二十多天，馆长要求在这期间商店要到位。我一看一个月都不到了，但还是答应了，因为我不想失去这次机会。后来直到正式开馆那天凌晨三点左右才把商店全部装修好，所有人加班，到早上八九点货物全部上架了。大家看了都觉得好，第一天开业营业额就有两万多元，根本没想到，没来得及宣传竟然有这样的效果。我认为我们做了一件很有意思的事。后来苏州丝绸博物馆的馆长还特意跑到南京来，让我也去开了个丝绸商店。

有了经济的支持，这时候我觉得办个博物馆的时机比较成熟了。有一次相关领导和秦淮区领导和我谈事情，我说我没有别的理想，就想自己办个丝绸博物馆，绝对跟其他的不一样。他们打电话帮我问园区还有没有地方，后来回复我说有地方但是租金比较高，公益类的博物馆肯定无法承受。他们提议去江宁或者浦口，我说不行，按照我的经验，越热闹的地方事情越好办。后来我们就只看城里的地方，最终选择的地方是国创园，而且区位不错。当时园区问我要一间还是两间，我说要办得像我想象中的那个样子，就必须是两间。我们花了一年时间设计、装修，慢慢做起来了。按照我们的想法展区分成了四块区域：第一块是蚕

徐凤梅参加海上丝绸之路南京遗迹图片展活动

桑，蚕桑的起源和历史；第二块关于丝绸，丝绸的历史；第三块是南京跟云锦的关系；最后一块就是中国丝绸之路，从国家政策方面展开。每个区域放什么东西都有背后的故事，且富有代表性。展区还辟出专门的一块来讲中兴源丝织厂，因为它能够代表南京，云锦文化底蕴丰富、历史悠久，是南京特色。

这个馆由南京苏豪丝绸文化发展有限公司投建，同时它也是南京第一座从美学角度阐释丝绸文化的专业主题博物馆。馆内展品300多件，主要收藏具有江南丝绸文化特点的丝绸文物、品种纹样、文史资料以及各种珍贵的非遗产品和丝绸制品，并以实物、复制品、模拟场景、文字展示等丰富手段，再现出江南丝绸文化的“前世今生”。

讲到中兴源丝织厂呢，它有一百多年的历史了，当时许多重要的云锦都来自中兴源丝织厂，西藏布达拉宫里面布置墙上的云锦好多都是中兴源丝织厂的。中兴源丝织厂实际上还和南京云锦研究所有渊源的，如果没有中兴源丝织厂在人力和技术上的支持，南京云锦研究所也不可能建立起来，所以我们一定要找中兴源丝织厂的源头。建博物馆之前，就中兴源丝织厂源头这个事情，当时我们也找了很多人，但没有找到一个专业的人。找到的人也谈了一些东西，都是支离破碎的，但是为了这件事情我们一直在探寻。后来终于跟南京市档案馆的工作人员见面了，跟他们讲了我想做的事，他们也觉得特别好，而且南京市档案馆关于中兴源丝织厂的档案非常齐全。我们两家交流了意见，他们也希望找到像我们这样对中兴源丝织厂有兴趣的单位来进行合作活化档案，这令我们很感动。好多中兴源丝织厂的老同志知道我们在做这样一件事情，就来主动帮助我们。有一次我们参加一个展览会，俞（征智）老师在展览会上看到我们在讲中兴源丝织厂的过去，他就主动给我打电话和我沟通相关的事情。后来他看到我们这个博物馆已经建成了，非常感叹，他说早知道就多捐一点东西给我们。像这样的中兴源丝织厂老员工有很多，有个九十多岁的老同志，当时在中兴源丝织厂从十几岁做学徒开始，就一直做这个行业，上次来博物馆捐赠中兴源丝织厂的东西后，又把自己的故事写在纸上捐给博物馆。他们都说云锦的根源在南京，希望我们要把它发扬光大。在给省文物局备案的藏品清册中，第一页就是我手写的承诺书：现有350件

江南丝绸文化博物馆外景与内景

（套）藏品和今后新征集的藏品，包括我和朋友们的私藏一律归博物馆所有；博物馆存续期间不抽逃开办资金、不取得回报、不分配盈利……

我自己办这个博物馆，大约百分之七十以上的东西都是大家无偿捐赠的，这是大家对我的一个信任，所以这个博物馆也是大家的心血和贡献。这就激励我

徐凤梅在“八宝团龙云锦活化项目”座谈会上的发言

们，一定要把这个博物馆继续做下去，只有把它持续做下去，对国家，对社会，对老百姓，对我个人都是一个交代。

我们做这个博物馆的压力主要在于房租，虽然政府也会补贴一点，但还是会有点压力。虽然办博物馆很艰辛，但是我真的没有什么后悔，不管今后有再大的困难，只要能坚持，我都尽量坚持下去。实在有什么情况办不下去了，我也不遗憾了，因为已经尽力了。

采访时间：2019 年 7 月 27 日
采访地点：南京江南丝绸文化博物馆
采 访 人：李若娴
记 录 员：苑姜月　颋晴明　董若汐
摄　　像：林子涵　李　骁
指导老师：丰华琴
核　　稿：管　静　肖妍娜
审　　稿：王　伟　王　宇　季红军

Mao Chongjin

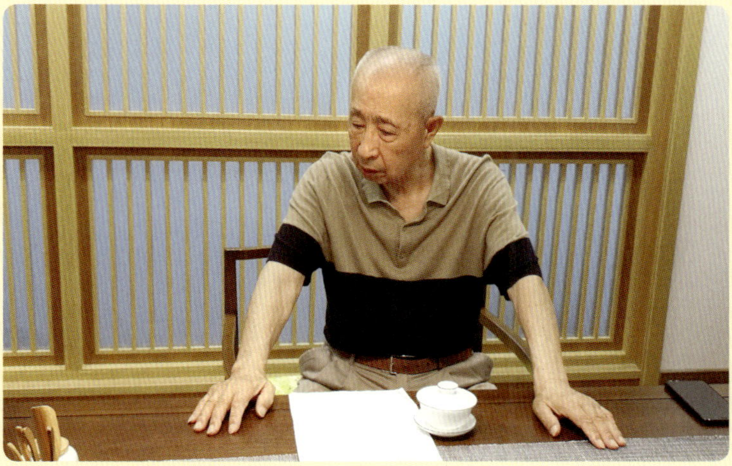

# 毛重锦

毛重锦，男，1928 年出生，山东莱州人，经济师。1942 年进入天津正源兴绸缎庄做学徒。1948 年调到南京绒庄街 63 号中兴源，负责接待和财务工作。1956 年中兴源丝织厂公私合营后，他先后担任财务科负责人、生产计划科科长。1980 年调到南京丝织厂担任生产副厂长。1984 年调至江苏省丝绸总公司负责内销，曾任江苏省丝绸销售公司经理，兼任总公司劳动服务公司经理、总公司夫子庙丝绸商场经理，是江苏省丝绸协会首届理事会理事。1989 年退休到江苏省丝绸总公司做顾问。

南京中兴源丝织厂前身是南京正源兴绸缎庄（北京正源兴绸缎庄总店在南京的分号）。正源兴绸缎庄创始人李关之，是山东掖县（今山东莱州）寺庄人，和我算是同乡，我们两个村子相距约20里。据传早年李关之推着独轮车在北京沿街叫卖丝绸，有了一定资金后，创立了北京正源兴绸缎庄。北京正源兴绸缎庄地址最早是在前门外东珠市口60号，随着业务的扩大，先后在张家口、天津、济南、南京等地设立分号。正源兴绸缎庄属家族企业，其员工相当一部分为山东掖县人。我于1942年秋进入正源兴绸缎庄天津分号做学徒，当时年仅14岁，白天打杂，晚间学习记账打算盘。正源兴绸缎庄虽是家族企业，但并不任人唯亲，而是

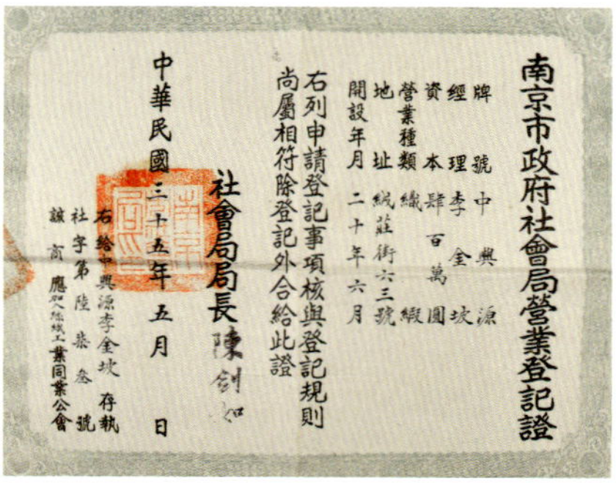
南京市政府社會局營業登記證
牌號 中興源
經理 李金坡
資本 肆百萬圓
營業種類 織緞
地址 絨莊街六三號
開設年月 二十年六月
右列申請登記事項核與登記規則尚屬相符除登記外合給此證
社會局局長 陳劍如
中華民國二十五年五月 日
右給中興源李金坡存執
社字第陸叁叁號
識 商 應加入絲織工業同業公會

1936 年南京市政府社会局发给中兴源的营业登记证

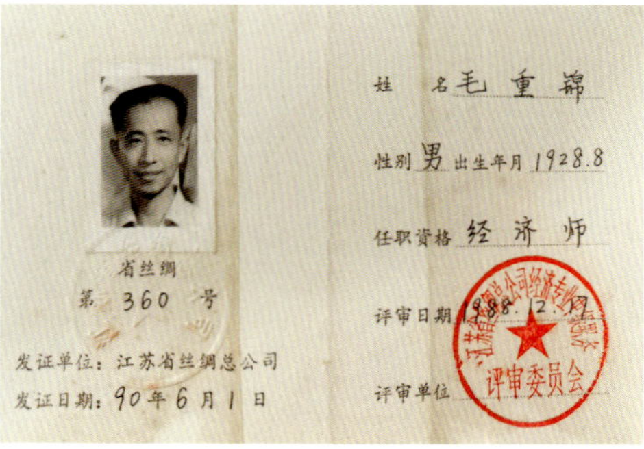
姓名 毛重錦
性别 男 出生年月 1928.8
任职资格 经济师
评审日期 1988.12.17
评审单位
省丝绸 第 360 号
发证单位：江苏省丝绸总公司
发证日期：90年6月1日


1990 年毛重锦任经济师的资格证书

云锦制成的唐卡

云锦制成的衣物

唯才是举，各地正源兴绸缎庄均实行职业经理人制度，所以有些职业经理人是由具有一定资历和经营管理能力的外姓人担任。正源兴绸缎庄实行“东六西四”的分配制度，即经营所得利润60%归东家（老板），40%归西家（职业经理人）。职业经理人怎么当呢，他要从学徒开始一步步往上升，升到一定时候就可以独立工作了，就可以开一个新码头去做职业经理人了。正源兴绸缎庄作为百年老店经久不衰的一个原因就是这个当时很先进的经营管理制度，所以能留住的职工都肯吃苦。在当时能做到这一点真的很了不起。

正源兴绸缎庄丝绸主要的销路是新疆、西藏、甘肃、四川部分藏族聚集区，还有蒙古国。云锦在正源兴绸缎庄销售的丝绸里占的比重不大，因为它主要不是用来做服饰的。月云锦做服饰的机构主要是之前的江宁织造府，他们的产品主要是供应宫廷衣物和王公大臣的官服朝服。

销往西藏的云锦主要是供寺庙使用，比如拉萨的布达拉宫、大昭寺及日喀则的扎什伦布寺。庙里面装饰佛龛用的和包柱子的云锦图案当中有八宝（轮、螺、伞、盖、花、罐、鱼、缠）和串枝莲。因此，八宝图案的云锦主要是装饰佛事的，并不是用来穿戴的。

商品货物发往西藏一般有两条线路。一条线路是陆运，从青海格尔木走，因为那时候交通不便，货物都放在木箱里用骡子运输，有时候路上不太平需要雇人武装保护；另一条路线是海运，经过香港到印度、尼泊尔进西藏。货物除了中兴源丝织厂的云锦产品外还有藏族同胞需要的佛教道具、金箔、砖茶等。南京原来的马巷是专门打金箔的，后来也被中兴源丝织厂收购了。另外在浙江湖州有一个丝织厂，专做内衣，而且做得很好，特号葛就是用生丝做好以后经过脱胶变薄制成的，藏族人叫汗褂，是穿在里面的。

1947年正源兴绸缎庄好多联号撤销了，天津、济南的号也都撤销了。1948年9月我被调到南京中兴源丝织厂，工作地点在绒庄街63号，那时厂里只有4台织机。当时各国的驻华大使馆在南京，厂里为对外开放组织接待工作，专门设立了门市部，负责接待各个大使馆家属以及各个国家代表团参观。基本上每个周末都是车水马龙，但是大家不知道厂牌名字，只知道绒庄街63号。当时的主要产品也不是云锦而是丝绸，木机不光是织云锦还织生活服装用料、装饰品、窗帘等。那个年代中兴源丝织厂生产的真丝在国际上是很有名气的，外国人都很喜爱。我当时就在绒庄街63号负责接待和财务。

那时候云锦生产方式比较简单，不像现在要招大批量工人，还要有厂房，也没有现代化的缫丝厂，织造云锦的原材料主要靠农民养蚕缫丝。经丝的原料大多从浙江海宁硖石镇采购过来，纬丝的原料大多从苏州光福镇采购来的。这些原料采购回来要进行粗加工，加工是采用外包的形式。住在绒庄街63号对门吴姓的老

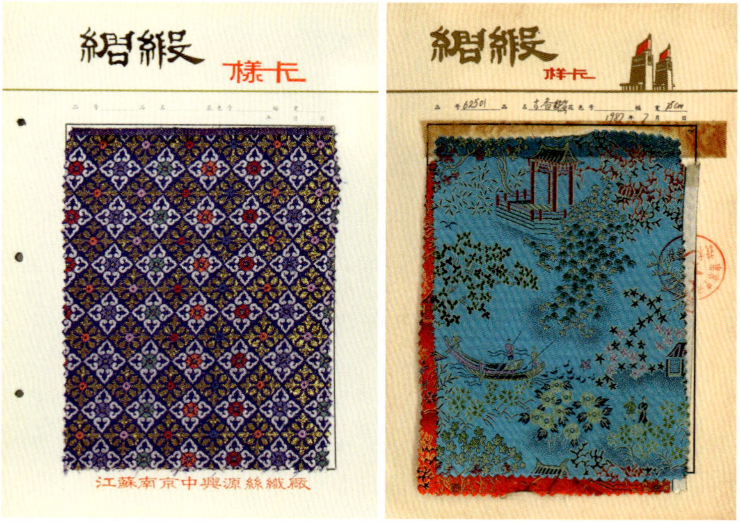


中兴源丝织厂绸缎样卡

板是专门给中兴源丝织厂做染丝的，后来公私合营时期就合并在一起了。那时全是真正手工活，现在都不存在了。纬丝染好后捶丝，用木槌捶丝，让丝变软。中兴源丝织厂4台木机在工厂供人参观如何织造丝绸，外宾们觉得这些工序虽然原始但又很科学，他们看花本和丝线如何织成花纹后觉得很稀奇。中兴源丝织厂早期就负责放料，把做好的半成品发给散户回去再加工，不同品种对应的加工费用也不同。每天早上想找工作的机户很多都在茶馆里等放活，经纪人给做担保从中兴源丝织厂领料回去织。散户有织妆花的，也有织一般面料的。面料大部分都是藏族同胞、蒙古族同胞穿得多。花样也多是五蝠（福）捧寿、柿柿（事事）如意等一些吉祥纹样。

云锦意匠图——“狮子盘球”

1949年4月23日南京解放，1950年左右大部分在南京的大使馆迁到北京。新中国成立后厂里依然开放参观的，当时还没跟欧美国家建交，来的都是东欧、苏联、古巴这些国家的客人。当时每个接待任务都是由市长彭冲亲自召集，在虹桥的南京饭店开会下达准备任务。

1951年西藏和平解放，人民解放军进入西藏，当年进藏部队的副司令员范明找到中兴源丝织厂，请我们帮进藏部队筹办一批进藏绸缎，也包括金箔、砖茶。我们派了一位每年到了秋冬季就在青海湟源县跟藏人交易的代表负责此事，藏人每年带着他们的皮毛、药材、土特产来和他交换绸缎。当时南京包括中兴源丝织厂在为的所有丝织厂和其他散户的织机都为进藏部队积极赶制这批物资，中兴源丝织厂原来在南京的大部分库存，还有在苏州和杭州采购的大量丝绸都纳入了进藏部队的物资筹备，这批东西最后统一发到兰州军区。中兴源丝织厂也为进藏部队做了一份贡献的。

1953年，中央政府对民族工艺大力支持，中兴源丝织厂发展到有70多台织机了。生产能力迅速得到恢复，少数民族地区的单子也逐渐多了起来。1953年我曾去甘肃的甘南藏族自治州拉卜楞寺调研。当时我是先从南京出发乘火车到西安，再从西安乘火车到天水，到了天水后，再乘火车到兰州，在兰州坐汽车经临夏到夏河。夏河是甘南藏族自治州的首府。当时没有客车都是运货车，上面有一道道的绳子，人就扒着绳子固定坐，那时候人年轻也不知道害怕。夏河到临夏的盘山路非常颠簸，发大水又把路冲坏了，回程时我又雇骡子、马走了几天几夜，才从夏河回到了临夏。1953年南京市文化局组织了一个工作小组到中兴源丝织厂，主要任务是研究云锦的历史沿革，挖掘探究云锦过去的历史资料。当时的私营企业都尽其所能地把所有云锦资料贡献出去，包括图案、工艺，毫无保留。所以后来云锦研究所的成立和中兴源丝织厂也是很有渊源的。我们的两个老艺人吉干臣和张福永，他们当时是负责设计花本和挑花，那时候我才20多岁，张老已经60多岁了。云锦研究所成立后也把这两位请过去了，主要就是搞云锦的资料整理工作。

1956年公私合营后，包括以中兴源丝织厂为主的11家公私合营单位从绒庄街63号搬到堂子街4号。我在南京工商会计学校学习过，所以我当时是中兴源丝织厂财务科负责人，主要工作任务是把11家企业的固定资产、流动资金，建立起一套比较完整的财务制度。厂里后来逐步淘汰木机并向机械化转变，但是像复杂的妆花品种就不做了，最鼎盛时期我们厂的织机发展到三百多台。中兴源丝织厂公私合营前，最著名的商标就是“松鹤牌”，参加各大博览会。中兴源丝织厂也给北京民族文化宫设计制作了沙发的四合云织锦面料，人民大会堂江苏厅里的软装也是中兴源丝织厂供应的面料。

1957年我就被调到生产计划科管生产。1956年公私合营后厂里组织一批人到苏州的丝织厂学习先进的经营管理，苏州的丝织厂调来不少技术骨干来教我们，我们回来就施行了苏州的管理方法，生产计划科负责原料进厂、产品出厂、销售、半成品生产和统计。当时还没成立纺织局，中兴源丝织厂属于南京市轻工业局管理，我们曾把厂管理流程向全系统介绍过。1980年我被调到南京丝织厂，因为这个厂之前生产落后，为了提高生产能力让我去做生产副厂长，我把

1956 年毛重锦去苏州振亚丝织厂学习合影照片

1978 年毛重锦参加第六届职工代表大会科室代表团合影照片

中兴源丝织厂的这套成熟的管理经验方案移植过去。过去这个厂没什么外销产品，我去了之后三年变化很大。第一年利润五十万，第二年翻了一番，第三年一百五十万，三年三大步。1984年我55岁，当时政策要求55岁都要退二线了，在我还没退二线之前南京市纺织工业公司下了调令，调我到南京市纺织工业公司供销经营部当主任，我还没去报到，这时，江苏省丝绸工业公司经理听说我退二线了，他对我比较了解，就把我调到江苏省丝绸工业公司。

我到了江苏省丝绸工业公司以后负责内销，便成立江苏省丝绸销售公司，后来又成立劳动服务公司。江苏省丝绸工业公司与北京市丝绸公司有业务关系，他们建议我可以成立一个劳动服务公司，可以安排待业青年就业，另外还可以三年免税。回来我就和总经理做了汇报，他同意后，我就在西门口2号成立了一个劳动服务公司，公司待业子弟都进入劳动服务公司，当时知识青年上山下乡刚回来，就业很困难。这家劳动服务公司免税三年赚了250万。我又在南京贡院西街30号盖了三层楼，当时是一千块钱一平方，一共是一千七百六十平方，一楼是对内销售，二楼是卖给外宾。当时我是夫子庙商场的领导，又是劳动服务公司的法人，公司要我把销售搞好，所以业务很忙。丝织厂除了国营企业外还有乡镇企业，乡镇企业发展很快，尤其苏南地区，也包括苏北的沭阳、涟水，到处都是缫丝厂、丝织厂，就这样我一直到1989年退休。

口述采访组和毛重锦老师的合影

2009年云锦申遗成功，这是个大好事！南京云锦研究所、江南丝绸文化博物馆、苏豪集团对云锦都是很重视的，投入了很多人力物力。前段时间我和相关领导讨论过，政府可以利用夫子庙的一些闲置窗口对外开放，专门大力宣传云锦，那里的交通便利，人流量大，旅游旺季时全国各地游客包括外宾太多了，我们不仅要让南京人知道云锦，更要让全国人民都知道。过去吉干臣先生做的“金宝地”“海水牡丹”云锦很漂亮，很经典，风靡一时。现在云锦大多作为一种工艺品了，但市场需要规范，能把云锦好好地传承下去这是我最大的愿望。

采访时间：2019 年 7 月 19 日
采访地点：南京江南丝绸文化博物馆
采 访 人：蒋梦新　董晓萱
记 录 员：何智勇　李昕悦
摄　　像：付辰昊　黄梓嘉
指导老师：丰华琴　葛　茹
核　　稿：管　静　肖妍娜
审　　稿：王　伟　王　宇　季红军

Yu Zhengzhi

# 俞征智

俞征智，男，1940 年 10 月 20 日出生，扬州江都人。1960 年考入苏州丝绸工学院，1964 年毕业后分配至北京工作，先后于北京国棉三厂、北京顺义县（今顺义区）白辛庄大队实习锻炼。1970 年调回南京。1974 年入职中兴源丝织厂，先后在纹工组、设备科、能源计量科、生产技术科工作，担任总工程师，作为专家代表参与南京云锦非遗申报工作。

我1960年考上苏州丝绸工学院，是学校第一届本科毕业生。1964年毕业后，我被分配到北京丝绸厂，这个厂有缫丝、有织绸，还有印染。我当时很高兴，分到北京是很不容易的，到厂后我进入了技术科，工作是产品组织设计。当时的彭真市长要求我们到下面去实习锻炼，工厂半年，农村半年。我去的工厂是北京国棉三厂，当时北京主要的有一棉、二棉和三棉纺织厂，所有刚分配到纺织企业的工程技术人员，都先到国棉三厂，分班劳动，早班、中班、夜班，开机子。后来我又去北京顺义县白辛庄大队，跟农民朋友们“三同”——同吃、同住、同劳动。我在北京一共工作了6年，一直到1970年。

俞征智的高级工程师证书

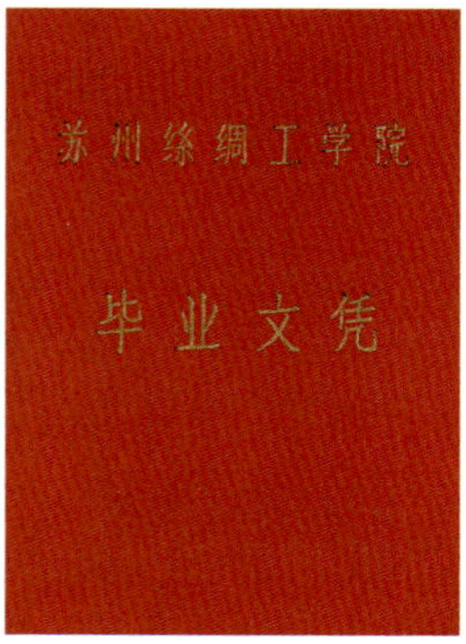

俞征智的苏州丝绸工学院毕业文凭

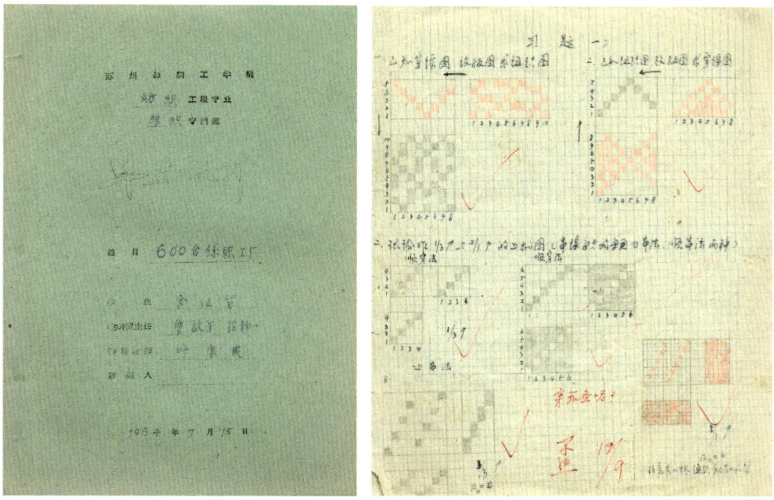

俞征智的毕业设计作品

1970年以后，因为我的家属在南京，在一个军工企业工作，所以我就申请调回了南京。调回来以后，先是到南京化学纤维厂，从事人造纤维的生产。后来因为我的专业是丝织，不是学化纤的，为了专业对口，1974年就被调到了中兴源丝织厂。

刚到中兴源丝织厂时，我是在纹工组，专门制作提花纹版的。后来根据厂部的要求和工作需要，我从纹工组转去设备科。因为我在学校里面学的东西比较全面，有工艺、织造还有机械，当时正值设备科需要人，我想我去还是能发挥作用的。1983年，我又根据厂里需要调到了二车间，当了车间主任，专门生产出口的丝绸。车间主任我一直当到1985年，之后再次服从厂里安排去了生产技术科，从车间主任变成了科长。

当时政府要对企业进行验收，我又暂时被调到能源计量科当科长，直到验收合格以后，又回到了技术科。所以说我的工作经验非常丰富，从织造车间、生产车间，又到设备科，后面又到能源计量部搞计量工作。1987年左右，新厂长调来以后对领导班子做了调整。调动那天，我并不知道，我照例上班以后，下车间，全厂车间巡回、检查一遍，看生产正常不正常。我回来以后就发现我的办公室座位没有了，后来才知道厂长把我桌子搬到了厂长室，从那以后我从技术科调到厂长室当厂长助理。我在当厂长助理时评了高级工程师，后被聘为总工程师，当总工程师以后我就负责工厂全面工作，包括生产、工艺、技术，特别是质量工作。

1984年中兴源丝织厂110周年厂庆，在南京人民大会堂举办，可以说南京市恐怕还没有这样的企业在人民大会堂搞厂庆，当时真的是轰动全市，电台、电视台都在播我们的厂庆。为了纪念厂庆，我们厂让高淳陶瓷厂专门生产了一批茶杯，茶杯上面就有“南京中兴源丝织厂110年厂庆”字样。当年，我们的厂规模是多大呢？仅1984年，我们的年利润146万元，创汇450万美元，至1985年，职工就有1667人、织机348台，年生产丝绸500万米。这就是我们的中兴源丝织厂对社会的巨大贡献，中兴源丝织厂曾是南京市创汇的大户之一。

1985年，中兴源丝织厂进入鼎盛时期，那时我们的产品品种丰富多样，主打的是云锦，此外还有桑蚕丝、真丝绸、粘胶人造丝绸、交织绸、化纤绸等总共五大类产品。而且我们的生产工艺精湛，产品质量上乘，厂里面的产品很多都是获奖的，有省级奖还有国家级别的奖，我们的凤华锦获得了国家的金龙奖。另外我还想补充

凤华锦

“松鹤牌”商标样图

“松鹤牌”江苏省著名商标证书

一句，我们还有在新中国成立之前获得的奖。我曾经到南京的中国第二历史档案馆，在档案里查到了南京中兴源丝织厂有锦缎和真丝库缎这两个产品获奖。这些可以说明中兴源丝织厂在历史上的地位。

“松鹤”这个品牌是1983年在国家工商总局注册的。当时我们带着产品到北京的国家工商总局，才把这个品牌确认下来。因为国家工商总局的品牌审批跟省、市的程序都一样，非常严格，而拿下这个品牌对我们的云锦要申报国家质量奖银奖起到了关键作用。当时申报我们的“松鹤牌”云锦，我们的杨厂长让在技术科的我准备好资料和实物，他再带着这些到纺织工业部评奖，我们中兴源丝织厂“松鹤牌”赢得大奖，可以说我们厂的这个银奖来之不易。当时获得银奖的品种是彩库锦，在众多云锦品种中，这个品种最为典型，还有一个品种是针织经编绸。这一产品于1988年获南京市新产品开发一等奖。经编绸这个产品是特殊的，它是我们江苏丝绸进出口公司跟日本伊藤忠补偿贸易的产品。因为日本人也做经编绸，但工艺过不了关，他们看上了我们的工艺，要和我们合作。这个产品开发了两年多。我从在纺织工业部申请立项、审批到回来以后跟日本人签约，直到最后组织生产，参与了整个流程。

在这两年里，日本提供西德卡尔迈耶经编机设备，我们提供技术，提供蚕丝。经编绸对原料要求很高。这里我要强调一下原料前期处理的重要性，处理不好，蚕丝硬了就没有了韧性，只有达到一定的强度，才能够不断头，所以说前期处理工艺很重要。后来做成功了，我为了做纪念还自己花钱买了一大段。为什么

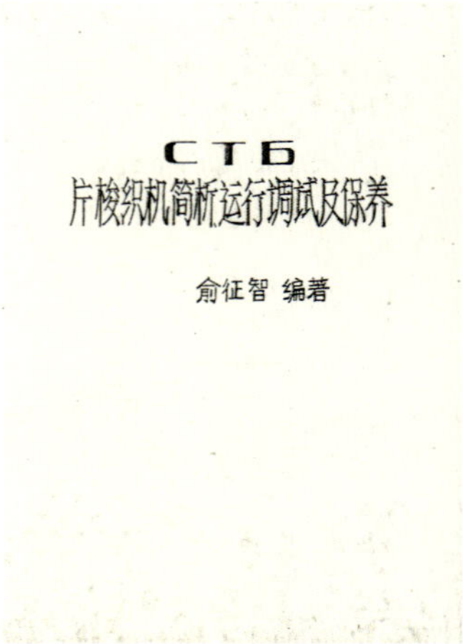


俞征智著作

俞征智的生活照和工作照

后来我们厂里没有扩大生产，是因为我们的主要产品是云锦和其他真丝绸，经编绸对桑蚕丝质量要求太高，织出来以后普通百姓消费不起，没有市场，所以后来这个任务完成以后，我们又回到自己的主打产品。

中兴源丝织厂的前身“正源兴绸缎庄”创办于1874年12月。新中国成立以后，1956年成立南京中兴源丝织厂。在20世纪60年代和70年代发展很快，到了80年代达到鼎盛。中兴源丝织厂是一家百年老字号，在国家的民族产品上和南京的纺织历史上都是数得上的。中兴源丝织厂的前身正源兴绸缎庄在历史上也很有名，总部在北京，同时有济南、南京等10多家分号。这个绸缎庄在历史上有着辉煌的历史。20世纪30年代至40年代，正源兴绸缎庄用于生产的织机就有300多台，放出去织，再收回来。每天的收货数量有妆花云锦320匹、锦缎70匹，可见当时的辉煌。正源兴绸缎庄对外贸易有两个出口基地，一个北方一个南方。在北方，正源兴丝绸的出口基地在张家口，张家口有专门的厂商，叫德华洋行，通过该洋行将丝绸出口到欧洲。南方的出口就是上海，通过海运将丝绸出口到印度、不丹、新加坡等地。

慈禧太后六十大寿，正源兴绸缎庄作为江南织造的代表，所产丝绸作为贡品送到北京，为慈禧祝寿的产品叫“灵仙祝寿妆花缎”。这个产品现在还有一匹。开始是在我们厂里面的，现在应该是在我们的南京工艺美术大楼仓库里面，归南京市轻纺集团。当时我们厂里一共有32匹老云锦，主要是妆花品种，大多是新中国成立前正源兴绸缎庄生产的，各自都有品名，“灵仙祝寿妆花缎”就在里面。我当时特地买了一个樟木箱，把这些产品摆在里面。每年夏天晒霉时，我就留心了，因为我是总工程师，所以很关心这个，我就把这些品种一个个记下来，做了一本目录。

万字缎

中兴源丝织厂能获得知名度和社会影响力还和它的对外交流有关。中兴源丝织厂是涉外单位，负责接待外宾。有时外宾来，我和厂长要陪同参观。1980年我们厂接待外宾50次，可见我们丝织厂的地位。中兴源丝织厂还是国家民委的产品定点厂，举个例子，西藏自治区成立20周年的时候，国家民委指定我们南京中兴源丝织厂生产一个品种，作为国家礼品送给西藏自治区，这个产品可以给你们展示一下，叫“万字缎”，当时生产出来以后全部被中央政府收购，作为礼品赠送给西藏自治区政府。这就说明我们南京中兴源丝织厂在新中国成立以后还是兴盛的，没有把老祖宗的工艺忘掉。

后来云锦申报非遗，在南京市政府大厅召开记者招待会、新闻发布会，会上有许多文物专家，蒋赞初教授也在，我是云锦织造的专家代表。当时我发表了一个讲话，主题是“南京木机妆花云锦为什么不能用现代织机织造”，我把这个道理讲出来，张连发市长听后很感兴趣。所以直到现在，“南京云锦不能用现代织机织造”都是我们的重要宣传标语。再后来，我成了南京云锦研究所的特别顾问，负责很多云锦历史档案的查阅和整理。云锦申遗时，我是负责整理资料的，还有负责文物的、考古方面的专家，所以申遗真的是很不容易。南京云锦被国家列为“向联合国教科文组织申报《人类非物质文化遗产的预备清单》项目”，曾

口述采访组和俞征智老师的合影

历时八年，先后三次向申遗冲刺，直到第四次才申报成功。2009年9月30日，联合国教科文组织保护非物质文化遗产政府间委员会会议决定，“南京云锦织造技艺”入选《人类非物质文化遗产代表作名录》，标志着云锦工艺对人类文化的影响终于得到世界的认可与提升。

对于云锦，我们应该与时俱进用发展的眼光看待，只要是文化留存下来了就不能以保守的眼光看待，要让云锦和现代结合起来，让云锦走向世界。

采访时间：2019年7月18日
采访地点：南京江南丝绸文化博物馆
采 访 人：何智勇　蒋梦新
记 录 员：李昕悦
摄　　像：付辰昊　黄梓嘉
指导老师：丰华琴　葛　茹
核　　稿：管　静　肖妍娜
审　　稿：王　伟　王　宇　季红军

Wang Zhenlu

# 王振陆

王振陆，男，1940 年出生。1958 年考入南京纺织工业学校，1961 年毕业后分配到南京中兴源丝织厂。1978 年调到江苏省纺织工业厅。

我是1940年出生，1948年随家人来到南京。因为我祖父是武汉长江大桥的工程师，后来父母就一起到武汉去了，我就一个人在南京读书。1958年我初中毕业后，就去了南京纺织工业学校。1961年毕业后，我就被分配到了南京中兴源丝织厂，在技术车间做技术员。

当时中兴源丝织厂的生产设备，主要的织机是刻木机，还是进口的。当时全国丝绸行业都是这种样式，刻木机都是一个模子下来，包括苏州、杭州甚至上海，全部都是这样。但这种刻木机使用时间长了，生产效率、品种质量总归不行，因为是木头做的不能稳固。所以后来我们国家根据刻木机的原理就制造了一

聘书

兹聘请王振陆同志任省纺机纺器专业标准化技术委员会委员。

特发此书

江苏省标准局
江苏省纺机纺器公司
一九八七年十一月

王振陆任江苏省纺机纺器专业标准化技术委员会委员的聘书

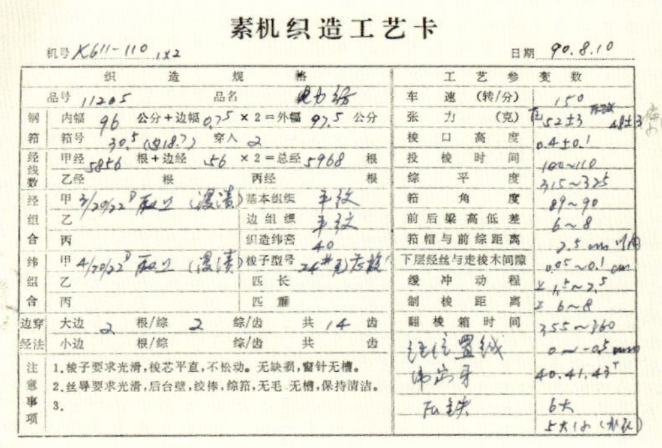

素机织造工艺卡

机号 K611-110 1×2　　日期 90.8.10

| 织造规格 | | | | 工艺参变数 | |
|---|---|---|---|---|---|
| 品号 11205 | | 品名 [illegible] | | 车速（转/分） | 150 |
| 钢筘 | 内幅 96 公分＋边幅 0.75 ×2＝外幅 97.5 公分 | | | 张力（克） | 52±3　48±3 |
| | 筘号 30.5 穿入 2 | | | 梭口高度 | 0.4±0.1 |
| 经线数 | 甲经 5856 根＋边经 56 ×2＝总经 5968 根 | | | 投梭时间 | 100~110 |
| | 乙经　根 | 丙经　根 | | 综平度 | 315~325 |
| 经组合 | 甲 | 基本组织 | 平纹 | 筘角度 | 89~90 |
| | 乙 | 边组织 | 平纹 | 前后梁高低差 | 6~8 |
| | 丙 | 织造纬密 | 40 | 筘帽与前综距离 | 2.5 cm |
| 纬组合 | 甲 | 梭子型号 | | 下层经丝与走梭木间隙 | 0.05~0.1 cm |
| | 乙 | 匹长 | | 缓冲动程 | |
| | 丙 | 匹重 | | 制梭距离 | 6~8 |
| 边穿经法 | 大边 2 根/综 2 综/齿 共 14 齿 | | | 翻梭箱时间 | 355~360 |
| | 小边　根/综　综/齿　共　齿 | | | | 0~-0.5 mm |
| 注意事项 | 1. 梭子要求光滑，梭芯平直，不松动。无缺损，窗针无槽。<br>2. 丝导要求光滑，后台壁，绞棒，综筘，无毛、无槽，保持清洁。<br>3. | | | | 40.41.43 |
| | | | | | 6大 |
| | | | | | 5大1小（水纹） |

K611 素机织造工艺卡

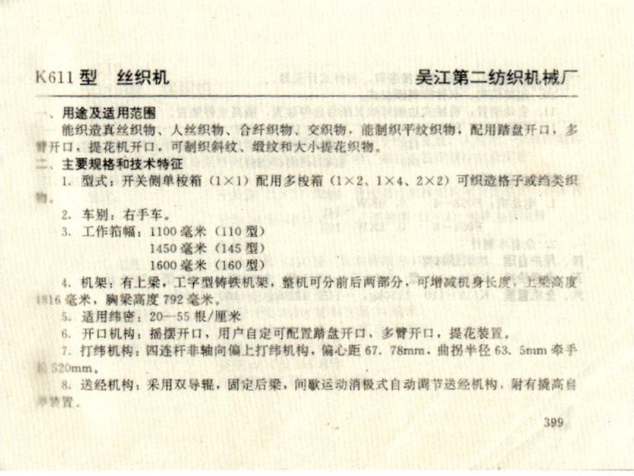

K611型　丝织机　　吴江第二纺织机械厂

一、用途及适用范围

能织造真丝织物、人丝织物、合纤织物、交织物，能制织平纹织物，配用踏盘开口，多臂开口，提花机开口，可制织斜纹、缎纹和大小提花织物。

二、主要规格和技术特征

1. 型式：开关侧单梭箱（1×1）配用多梭箱（1×2、1×4、2×2）可织造格子或绉类织物。

2. 车别：右手车。

3. 工作筘幅：1100毫米（110型）
1450毫米（145型）
1600毫米（160型）

4. 机架：有上梁，工字型铸铁机架，整机可分前后两部分，可增减机身长度，上梁高度1816毫米，胸梁高度792毫米。

5. 适用纬密：20—55根/厘米

6. 开口机构：播摆开口、用户自定可配置踏盘开口，多臂开口，提花装置。

7. 打纬机构：四连杆非轴向偏上打纬机构，偏心距67.78mm，曲拐半径63.5mm牵手臂520mm。

8. 送经机构：采用双导辊，固定后梁，间歇运动消极式自动调节送经机构，附有撬高自停装置。

399

K611 丝织机介绍

些织机，叫K611，是苏州吴江第二纺织机械厂制造的。这个织机不能用到所有云锦上，要分类来用，比如“库锦”“彩库锦”是可以在这个机子上织造的，但其他复杂的像妆花，那是不行的。有位工程师写过一篇文章，他给过我一份，我看了一下，他认为云锦无法用现代机器织造，对于他的结论我是持保留意见的。对于妆花而言，我认为用现代的技术、用机器不是完全不能织，而是要很懂器械的人来操作，再加上跟电脑的配合，我认为是可以解决这个问题的。比如说我们织一件龙袍，料子长度也就是一米多，它一厘米的话，纬线的密度总共300—400梭，换算过来就是几万根纬线，再织下去又是一个循环了，又是另外一条龙，织出来跟前期的一模一样，没有变化的，所以前期拉的每一根经线，用手工拉的和用机器拉有什么区别呢？只是这个过程太复杂，之所以不用电脑进行研究是因为开发成本太高，经济效益达不到。再一个材料价格太贵，以前的云锦都是真金的，还有各种颜色，只有皇帝能穿得起，或者是非常有钱的人，反正是一般人穿不起，而且穿上还不舒服，日常做服饰又用不到，批量生产没有销路。所以我认为云锦绝对不能用现代机械织造的说法，是值得商榷的。对于颜色复杂多变，图案多变的龙袍来说，你给它编好程，从技术层面还是有可能实现的，但是现在很少有人又懂技术、又懂织造、又懂电脑，综合性地去完成这个事情确实有难度，这是我个人的看法。

除了K611织机，还有另外一个是1964年设计出来的K641织机，这两种机型是中兴源丝织厂独有的，买来的机器都要跟它们配套。所以厂长就把这个任务

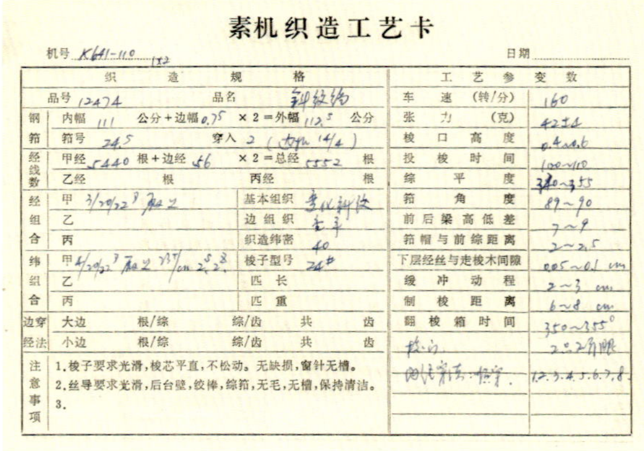

# 素机织造工艺卡

机号 K641-110 1×2　　日期

| 织造规格 | | | |
|---|---|---|---|
| 品号 12474 | | 品名 [illegible] | |
| 钢筘 | 内幅 111 公分＋边幅 0.75 ×2＝外幅 112.5 公分 | | |
| | 筘号 24.5 | 穿入 2 [illegible] | |
| 经线数 | 甲经 5440 根＋边经 56 ×2＝总经 5552 根 | | |
| | 乙经 根 | 丙经 根 | |
| 经组合 | 甲 [illegible] | 基本组织 | [illegible] |
| | 乙 | 边组织 | [illegible] |
| | 丙 | 织造纬密 | 40 |
| 纬组合 | 甲 [illegible] | 梭子型号 | 24# |
| | 乙 | 匹长 | |
| | 丙 | 匹重 | |
| 边穿经法 | 大边 根/综 综/齿 共 齿 | | |
| | 小边 根/综 综/齿 共 齿 | | |
| 注意事项 | 1. 梭子要求光滑，梭芯平直，不松动。无缺损，窗针无槽。<br>2. 丝导要求光滑，后台壁，绞棒，综筘，无毛，无槽，保持清洁。<br>3. | | |

| 工艺参变数 | |
|---|---|
| 车速（转/分） | 160 |
| 张力（克） | [illegible] |
| 梭口高度 | [illegible] |
| 投梭时间 | 100~110 |
| 综平度 | [illegible]~355 |
| 筘角度 | 89~90 |
| 前后梁高低差 | 7~9 |
| 筘帽与前综距离 | 2~2.5 |
| 下层经丝与走梭木间隙 | 0.05~0.1 cm |
| 缓冲动程 | 2~3 cm |
| 制梭距离 | 6~8 cm |
| 翻梭箱时间 | 350~355° |
| [illegible] | [illegible] |
| [illegible] | 1.2.3.4.5.6.7.8. |

K641 素机织造工艺卡

交给我了。当时由于咱们丝织厂不是很正规，虽然规模也不小，人也不少，但是缺乏科学管理的方法。我在技术车间做技术员的时候，就把织机的结构画下来，图纸搞起来，终于自己造了个提灌龙头。当时抓生产的厂长，就跟我讲了，说："小王，我除了盖厂房花了这么多钱以外，技术改造花的钱最多，你可不能出问题！"所以我自己也感觉担子很重，后来整个技术改造搞好了以后，领导常常在技术改造会议上讲，希望大家能够配合我做这件事。

我刚才讲的"彩库锦"，机器运转的话，一分钟只能够织110梭，因为两边都有很多梭架，一边三个梭架，它是不断地翻，不断地换这个颜色，所以织速不能快。当时，一个人每天只能开一台机，因为织到100梭左右的时候，还要观察。织到一厘米长，它又变成另外一个颜色，你要把这个颜色拿下来换成需要的颜色。绿的织完了，就要手工把机子换下来，再换成黄的，黄色织完后下面应该是红的了，再换一台织红色的，就是这样周而复始运作，所以生产效率太低了。那么其他的机器呢，像花机的话，都是120梭以上，最后到130、140梭，要是素的一些绸缎的话，像素库缎、双绉，都在180—200梭，有没有花的区别就是这么大。所以，为了提高生产率，就要想办法革新。在我之前有一名技术员试验了一年多的时间但没成功，后来换我去做，设备科长带我们到杭州第九丝织厂去参观，吸取人家的经验。回来后我们一共有三个人开展这项工作，既要画图也要设计装备。1975年的时候基本完成，我们把整个工艺怎么操作，装备的标准要求

彩库锦

等都整理成档案，交给厂里后就正常地投入生产了。机改搞好了以后，测速大概120梭左右，一个人可以看两台机，提高了项目质量和工作效率，也增加了产量。机改前后花了大概一年的时间。

当时，不光是南京中兴源丝织厂，全国丝绸行业都是一样，都是用传统的工艺操作。一段丝绸如果织坏了，有地方纠结在一起了，织的花错了，不成功了，那这一段就要把它拆掉，你拆掉的话有时候要拆一厘米，一般都是50根纬线，如果拆三厘米就要150根纬线，丝绸的挡车工要把花回过去，用手拉就要拉150下，很费劲的。那个时候我就设计了一个自动回花装置，用钟表的原理设计一个转盘，然后我要拉到200根，转盘上指着目标200根，然后转盘跟电器相结合，到200就停下来了，不要手工拉了，所以那个时候我这个设计很受欢迎的。比如讲我撤了3厘米，150根纬线，我要把花回到原来的那个位置上面，机器自动运转，这个时间效率问题就解决了。我的这个设计得了当时南京市技术革新二等奖，有100块钱奖金，算是很多了，我们那时候工资就30多块钱，后来我就把这个钱分给了参与的工人，又给他们每个人买了一条毛巾。

云锦现在是人类非物质文化遗产，也被更多的人接触到。今后云锦的传承之路在技术上还有很多可以探讨的空间的。

采访时间：2020年7月17日
采访地点：南京江南丝绸文化博物馆
采 访 人：管 静
文字整理：朱光耀 张 奕 岳伟琪 沈 慧
摄　　像：赵亦伟团队
指导老师：管 静
核　　稿：管 静 肖妍娜
审　　稿：王 伟 王 宇 季红军

Chang Zexin

# 常泽新

常泽新，男，1953 年 5 月出生，江苏南京人。1970 年 3 月进入中兴源丝织厂工作。1973 年考入苏州丝绸工业学院丝织专业。1977 年 1 月毕业后回到中兴源丝织厂。1984 年至 1996 年任中兴源丝织厂党委副书记、副厂长。1996 年至2013年先后任南京际华五三〇二服饰装具有限公司、南京际华三五二一服饰装具有限公司、上海际华三五一六工厂、南京际华三五〇三服饰装具有限公司常委书记，工会主席兼纪委书记。2013 年 5 月退休。

我叫常泽新，1970年赶上南京第一波大批量的招工，我很幸运地得以参加工作。当时招工是统一分配，不是自己选择，所以通知我的工作单位是中兴源丝织厂。我还有点纳闷，中兴源丝织厂是一家纺织企业，我想一般都是女同志分配到纺织企业，我们男同志去纺织企业好像没多大意思，当时我向往的是军工企业。但是来报到以后，通过中兴源丝织厂的领导、师父们对这个企业和产品的介绍，之后我又开始做学徒工，接触到整个生产过程，逐步对中兴源丝织厂产生了兴趣。

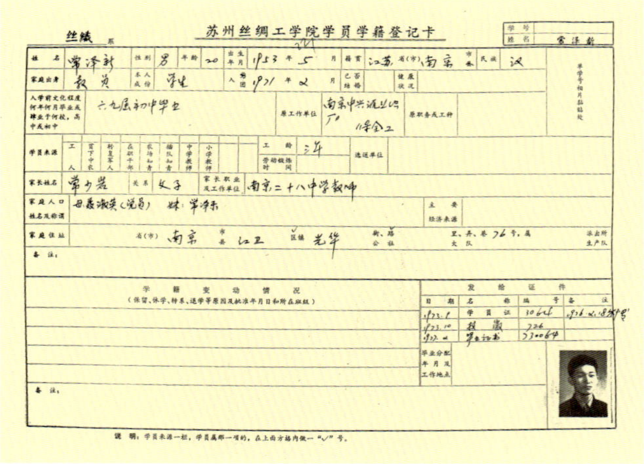

丝织 系　苏州丝绸工学院学员学籍登记卡　学号　姓名 常泽新

| | | | | | | | | | | |
|---|---|---|---|---|---|---|---|---|---|---|
| 姓名 | 常泽新 | 性别 | 男 | 年龄 | 20 | 出生年月 | 1953年5月 | 籍贯 | 江苏省(市)南京市县 | 民族 汉 |
| 家庭出身 | 教员 | 本人成份 | 学生 | 入团 | 1971年2月 | 已否结婚 | | 健康状况 | | |
| 入学前文化程度何年何月毕业或肄业于何校，高中或初中 | 六九届初中毕业 | | | 原工作单位 | 南京中兴源丝织厂 | | | 原职务或工种 | 挡车工 | |
| 学员来源 | 工人、贫下中农、转复军人、在职干部、农场知青、插队知青、中学教师、小学教师 | | | 工龄 | 三年 | 劳动锻炼时间 | | 选送单位 | | |
| 家长姓名 | 常少岩 | 关系 | 父子 | 家长职业及工作单位 | 南京二十八中学教师 | | | | | |
| 家庭人口姓名及称谓 | 母聂淑英(党员) 妹：常净东 | | | | | | | 主要经济来源 | | |
| 家庭住址 | 南京 省(市) 江卫 市县 光华 区镇 街、路 公社 | | | 里、弄、巷76号，属 大队 | | | | 派出所 生产队 | | |
| 备注： | | | | | | | | | | |

学籍变动情况（保留、休学、转系、退学等原因及批准年月日和所在班级）

备注：

发给证件

| 日期 | 名称 | 编号 | 备注 |
|---|---|---|---|
| 1973.1 | 学员证 | 30664 | 1976.2.18 |
| 1973.10 | 校徽 | 726 | |
| 1977.2 | 毕业证书 | 730064 | |

毕业分配年月及工作地点

本学号相片黏贴处

说明：学员来源一栏，学员属那一项的，在上面方格内做一"√"号。

常泽新学籍卡（苏州大学档案馆供图）

常泽新青年时期照片

进厂以后，我先学习做挡车工、操作工，开机子、开织机，然后学习做保全工，就是机修工人，主要保证机台的运转。纺织行业是24小时三班制运转，早班、中班、晚班，保证机台的运转就是负责机器设备的保养、维修。干了保养保全工三年，刚刚算满师。那时候我就感觉到读的书太少了，知识不够用，我就申请去上学。正好苏州丝绸工学院开始招收工农兵学员，有名额分配到中兴源丝织厂，我很幸运地被选中，在1973年到苏州丝绸工学院去上学，学的专业就是丝织专业，和我的工作算是专业对口的。

我之所以坚持从事云锦这么长的时间，是因为中兴源丝织厂的产品，特别是中兴源丝织厂的南京云锦，包含了太多的文化传承，有太多的故事在里面。我对它的生产过程，对它的工艺，还有它所包含的文化内容都很感兴趣。这一路走来故事太多了，许多人和事要从中兴源丝织厂的起源开始说起。

中兴源丝织厂的前身是正源兴绸缎庄，这是一家全国性的经营企业。正源兴绸缎庄总部在北京，天津、济南、南京都有店铺。那么为什么正源兴绸缎庄在这几个地方呢，是因为北京是清朝的皇宫所在地，天津靠近北京，济南是正源兴绸缎庄的老家。而南京特别有意义，在南京设立分号是因为南京丝绸产品的庞大市场，南京云锦丝绸产品的消费对象或服务对象，除了平民百姓，很大程度上是满足宫廷的需要。南京有个江宁织造府，江宁织造府不是一个生产单位，它是清朝的一个宫廷办事机构，这个办事机构是专门为宫廷采办丝绸产品的。南京云锦起源于元代，而兴盛于明清。明朝朱元璋建都南京，所以在南京周围集聚了为皇宫服务的各方面群体。到了清朝，虽然清朝建都于北京，但在南京这一块儿已经形成比较集中的丝绸业，所以就在南京设立了一个叫江宁织造府的机构，专门采购南京的云锦产品。这段历史和中兴源丝织厂为什么在南京兴起、壮大是息息相关的。

我知道的新中国成立前中兴源丝织厂的事情大多是听师傅说的。新中国成立以后，南京中兴源丝织厂还属于私有，老板是李志忠，由于生产规模扩大需要配套设备，比如前道加工、染色、包装等等，这些都是由工会统一来进行配套的，所以生产组织还是比较困难。在这种情况下，发展也就不够快。

1956年的1月1号，公私合营南京中兴源丝织厂就挂牌了，是最早一批公私合营的单位。挂牌以后的这段时间，中兴源丝织厂发展很快。公私合营前，中兴源丝织厂有一些手工织造设备，主要是木织机，上面一个人下面一个人，两个人一台机子进行织造。从公私合营以后，南京中兴源丝织厂的云锦产品就开始变为电

云锦图样

机生产，使生产效率大大提高。电机生产的有代表性的产品是彩库锦和经编绸，这也是南京云锦当中具有代表性的两个产品。在纺织行业当中，南京云锦比棉纺产品要复杂一些，因为它色彩比较多，用料比较复杂，所以对机器的要求也比较高。原来手工抛梭，就是织了多少梭要换一个颜色，这都是手工换的。南京中兴源丝织厂用电机代替后，手工换的变为自动换的，自动换道，老木机是两个人一台机，电机一个人能够看两台到四台，生产效率大大提升，一台机一天可以生产数十米云锦产品，而手工织造的云锦产品，到现在还是一天只能织几寸。新中国成立以后，从1952年、1953年有生产记录开始，特别是1956年、1958年，中兴源丝织厂又大量招了一批新的工人，我们的师傅辈都是1956年和1958年的这一批的，然后好长时间都没有招工，一直到1970年我们进厂。

我有很多的师父，有挡车工师父、保全工师父，有调度的师父，有计划的师父，所以你们问我有哪些印象深刻的师父，这个我还特别想说一下。我搞计划的师父毛重锖和我的师伯杨之藩，他们两个是师兄弟，这两个人都是正源兴绸缎庄的老员工，精英骨干。他们是在抗战胜利以后，正源兴绸缎庄从全国整体经营布局的调整出发，分别从天津、济南调到南京。我搞计划的师父毛重锖，1948年调到南京来的。毛师傅后来当了南京丝织厂的厂长，再后来到江苏省丝绸公司任职，我们杨师傅后来也当过中兴源丝织厂的副厂长，我从他们那里一方面学了南京云锦的经营管理知识，另一方面听到了很多正源兴绸缎庄和南京云锦的其他故事。

南京云锦属于我们国家丝绸纺织品大类当中“锦”这一类，是四大名锦之一。我们通常说的丝绸当中的绫罗绸缎，只是丝绸当中很小的一部分，其中“锦”是丝绸当中的一个大类。在“锦”当中，南京云锦、苏州宋锦、杭州织锦、四川蜀锦、属于四大名锦。云锦为什么叫云锦，正因为这种丝绸产品，从它的图案、颜色到产品的质感，让人觉得美若云霞，顾名思义叫云锦。

云锦的图案主要有两种：一种是云，云的图案当中有四合云、七巧云、和合云等各种云，云的名称也不一样，这是云锦图案的一个主要元素；再一种主要图案元素是龙，因为云锦产品以前主要服务于皇家，龙这个图案自然是免不

带有龙纹图案的云锦

了的。龙在云锦上的体现有各种分类，从龙的姿势上来分：有卧龙、有飞龙；从龙的行动上分：有升龙（往上升的升龙），有降龙（头朝下尾巴在上面的降龙）；从龙的图案形状上分：有团龙（龙的图案形成圆形的）；从龙的写实程度上分：有一种比较详细、比较真实的龙，从龙角、龙须、龙眼一直到龙鳞、龙身、龙尾都刻画得很细致，还有一种比较抽象的龙纹叫夔龙，从线条上看就是一个龙头，尾端一翘起来代表一个脚。皇帝用的那个龙叫正龙，从图案上看，那个龙头是正面的。

云锦还有一些其他比较传统的图案，比如汉族常用的汉八宝（汉八仙）、藏传佛教的藏八宝、莲花的变形纹等。汉八宝来源于“八仙过海”，在“八仙过海”的传说中，每一位神仙都有一个代表性的法器，吕洞宾是宝剑，张果老是渔鼓，汉钟离是扇子，铁拐李是葫芦，曹国舅是檀板，韩湘子是洞箫，何仙姑是荷花，蓝采和是花篮，这些东西形成的图案，叫汉八宝。藏传佛教里也有八宝：轮、螺、伞、盖、花、罐、鱼、缠，轮就是法轮，螺是海螺，伞就是法伞，盖是平顶两边有垂下来的东西，花是莲花（莲花对藏族是很神圣的，菩萨的底座就是莲花），罐就是宝瓶，鱼就是双鱼图形，缠就是盘缠（像中国结一样，盘起来的）。藏八宝主要用在藏传佛教的大寺庙里，像拉萨的布达拉宫、大昭寺，北京的雍和宫，甚至在房顶上都有这种图案。莲花的变形纹主要有：缠枝莲、四合莲、四则莲等等。所以云锦的图案丰富多彩，而且这些图案的来源也不是凭空想象的，是根据传统文化含义演变而来的，有源可寻。

南京云锦成品不需要再去染色，它是把原料全部都染好色，然后织造，织好以后就是成品。特别是中兴源丝织厂生产的这些南京云锦，颜色非常正宗、鲜艳，多少年都不褪色，你换别人来染，染不到这种颜色。云锦有几个代表性颜色，比如说明黄、紫酱、皎月、玫红等，这几个颜色要求染出来色差都不能超过三级，所以非常讲究。

20世纪80年代我们中兴源丝织厂的云锦取得了国家质量奖银奖，当时中兴源丝织厂是为国家做了很大的贡献，主要体现在两个方面：第一是与少数民族的贸易。少数民族的云锦特需用品是国家民委和商务部统一计划安排的，再把任务下达给我们厂。南京云锦不仅仅是满足少数民族人民的一般需求，更是参与到民族宗教事务上面，像青海的塔尔寺，西藏的布达拉宫等一些寺庙存在对云锦的大量需求。中兴源丝织厂云锦有一部分是通过茶马古道送到藏区，还有一部分是通过回族同胞的中间贸易。在青海、甘肃这一带，有相当一部分的回族同胞善于经营，他们到南京采购云锦，再运送到藏区。我现在还记得马福海、马福洲这俩兄弟，他们就是甘肃地区的回民，把云锦通过甘肃、青海运到西藏。第二是出口外贸。南京云锦在那时，远销蒙古、苏联、古巴、意大利等国，每年为国家创汇好几百万美元。

南京云锦申遗成功的时候，我已经离开中兴源丝织厂了，我是在1996年离开中兴源丝织厂的。我特别希望南京云锦能够发扬光大，能够复兴，好在现在还有人在搞南京云锦，但现在重点还是在一些装饰方面，满足一些传统的少数民族的需求，藏传佛教的需求，还有出口创汇的需求，在我的愿望当中，还希望云锦市场能有进一步的恢复。

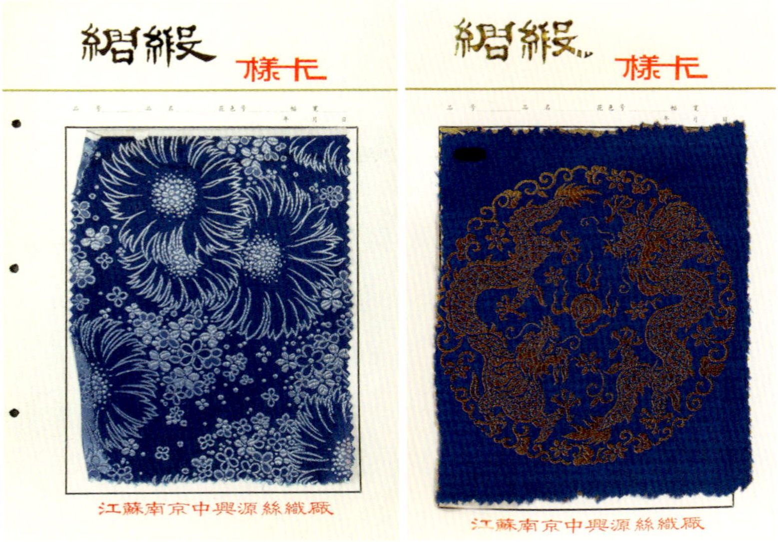


绸缎样卡

我之所以想讲这些东西，是因为我已经退休了，想把一些我所知道的有关云锦的事情流传下去。

采访时间：2019 年 7 月 17 日
采访地点：南京江南丝绸文化博物馆
采 访 人：蒋梦新　董晓萱
记 录 员：何智勇　李昕悦
摄　　像：付辰昊　黄梓嘉
指导老师：丰华琴　葛　茹
核　　稿：管　静　肖妍娜
审　　稿：王　伟　王　宇　季红军

Hu Changling

# 胡长玲

胡长玲，女，1953 年 5 月出生，安徽怀远人。1970 分配进入中兴源丝织厂工作。1975 年被推荐至苏州丝绸工学院学习美术设计。1978 年毕业后回到中兴源丝织厂从事云锦类纹样设计直至 1992 年退休。

我叫胡长玲，是一名退休的云锦设计者。1970年3月13日，我中学毕业后被分配到中兴源丝织厂生产一线工作。1975年我由单位介绍到苏州丝绸工学院美术设计专业（现为苏大艺术学院）学习三年，基础专业有素描、水粉、国画等，专业课围绕纺织品图案设计开展。我因为有五年丝织工作经验，可以用实践指导学习，在各课程的学习中，都思考如何与织造工艺结合更好地实现设计效果，为以后工作中发展云锦做出应有的贡献。

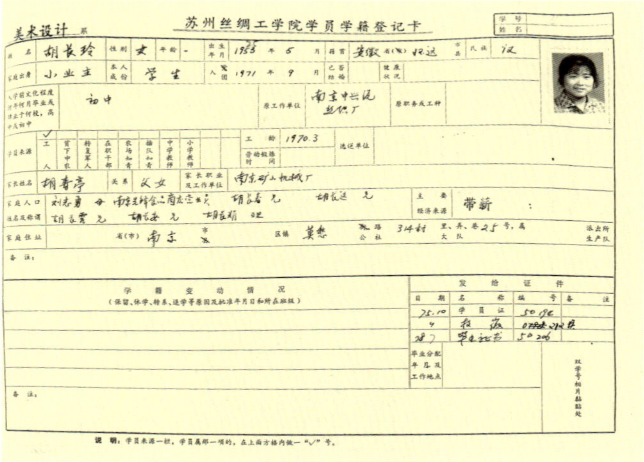
苏州丝绸工学院学员学籍登记卡
美术设计 系
学号
姓名
姓名 胡长玲 性别 女 年龄 - 出生年月 1953年5月 籍贯 安徽省（区）怀远市县 民族 汉
家庭出身 小业主 本人成份 学生 入团 1971年9月 已否结婚 健康状况
入学前文化程度何年何月毕业或肄业于何校，高中或初中 初中 原工作单位 南京中兴源丝织厂 原职务或工种
学员来源 ✓工人 贫下中农 转复军人 在职干部 农场知青 插队知青 中学教师 小学教师 工龄 1970.3 劳动锻炼时间 选送单位
家长姓名 胡春亭 关系 父女 家长职业及工作单位 南京矿山机械厂
家庭人口姓名及称谓 主要经济来源 带薪
家庭住址 省（市）南京市 区镇 路公社 314村 里、弄、巷25号，属大队 派出所生产队
备注：
学籍变动情况
（保留、休学、转系、退学等原因及批准年月日和所在班级）
发给证件
日期 名称 编号 备注
75.10 学员证
毕业分配年月及工作地点
照学号相片黏贴处
备注：
说明：学员来源一栏，学员属那一项的，在上面方格内做一“✓”号。

胡长玲学籍卡（苏州大学档案馆供图）

苏州丝绸工学院大门（苏州大学档案馆供图）

1978年我毕业后回到中兴源丝织厂从事专业的纹样设计工作，在工作时一直按美术设计要求去进行的。云锦图案中牡丹使用特别多，我就结合设计的需要，去了山东菏泽写生牡丹，南京植物园、国防园也有牡丹园，我也在这两个地方进行过牡丹写生收集素材，再对写生图案提炼进行创作。

我作为一名设计人员还要对市场用户有所了解，进行市场调研是必须的，我与科室同事一同去了西藏、内蒙古等少数民族地区和寺院调研，搞清楚他们需要什么样的云锦产品。通过调研我们了解到，南京云锦不仅是贡品，还外销古巴、蒙古、尼泊尔、印度等国，同时也是少数民族服饰、部分佛教寺院的装饰用料，民间演出服饰、喜庆节日服饰等经常会用到，由此可见云锦的市场需求量很大。虽然云锦有很大的市场，但云锦中有些品种的产量是不一样的。云锦主要品种有织金、库锦、库缎和妆花四大类，前三类中兴源丝织厂可用电机织造，扩大产量满足市场需要，但唯有妆花，它要采用“挖花盘织”“逐花异色”的工艺，所以至今仍只能用老木机手工织造，这就限制了产量。

市场调研工作是很艰苦的，西部少数民族地区都很偏远，乘火车要几十个小时，下了火车后转车步行等很不方便。收集资料的工具特别简单，只有一个手动定焦相机，拍摄云锦对光照条件，距离都有较高的要求，成片率有一定的影响，

在甘肃省甘南藏族自治州调研云锦市场

1981 年夏胡长玲在中兴源丝织厂的技术开发科办公室

就是这样还是积累了不少素材。走访宗教寺院也会遇到禁止拍摄的特殊情况，只好凭眼睛看、头脑记，通过强记激发设计灵感。在少数民族地区走访交谈也是为了了解他们的要求，审美习惯，对云锦文化的理解。在甘肃省甘南藏族自治州夏河县民族贸易公司，我们还了解到他们多次来南京求购云锦产品。藏传佛教拉卜楞寺大经堂因1985年的大火被烧毁，里面装饰用绸被全部烧掉了，后来大经堂得到了国家批准复建，急需云锦产品。我们调研回宁后，向领导进行汇报，并申请

福禄锦（胡长玲设计）

为他们开发急需的云锦产品。1987年，经南京市经委批准，要求开发藏族自治地区所需要的云锦产品，厂里经过研究决定开发“福禄锦”。

“福禄锦”的图案有佛手、牡丹，还有宝相花、铜钱、石榴，象征着幸福美满之意，从纹样上契合藏族的需要。藏族传统文化的五种色彩是“福禄锦”配色的依据，并具有象征意义：蓝色代表天、白色代表云，红色代表火，黄色代表土，绿色是代表水，所以在藏族地区销售的云锦产品色彩基本上就定下来用这五种配色。1990年，“福禄锦”经过一年多的生产完成了，还获得了省优质产品奖证书。当时市政府投入的开发经费15万元，第一年我们厂就靠这一个品种达到了供销平衡，收回了成本。当时我们厂里面第一台复印机就是用这笔钱买的，我们为了更快地绘制纹样，也经常去使用复印机。虽然那时条件困难，但我们的产品依然可以远销海外。来自蒙古、古巴、尼泊尔等地的客户，他们常年采购中兴源丝织厂的产品，对产品的设计和质量均非常满意。

“唯有牡丹真国色，花开时节动京城”，牡丹在中国传统文化中一直都有“吉祥幸福、繁荣昌盛”的象征意义，“金陵锦”以大朵的牡丹花为基础纹样，用莲花、宝罐、双鱼、盘缠等吉祥纹饰为主要特点，色彩用明黄、紫灰、翠绿等

金陵锦（胡长玲设计）

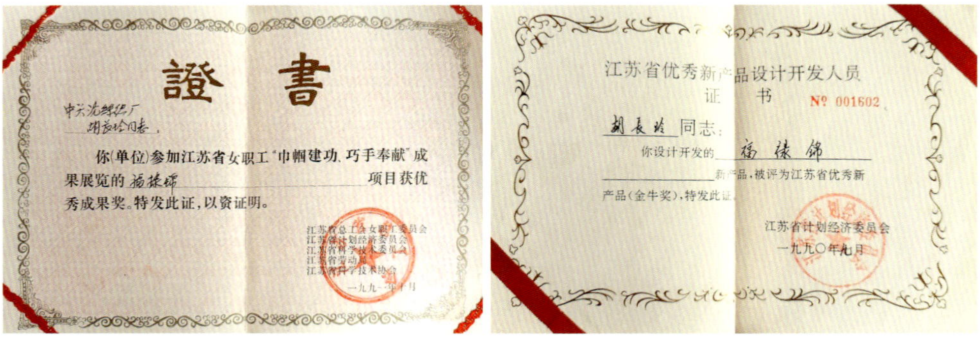


福禄锦项目获奖证书

颜色，使得整体格调看上去清丽脱俗。

南京市档案馆和江南丝绸文化博物馆把百年老厂中兴源的品牌再次激活，中兴源这个名字沉寂了近三十年，如今再次被大家提起，利用该厂旧时档案资料进行品牌化建设、云锦复原，将我国云锦传统工艺重新展现在人们眼中，是对中国传统文化的最好传承和纪念。

采访时间：2019 年 8 月
采访地点：南京江南丝绸文化博物馆
采 访 人：管 静
文字整理：朱光耀 张 奕 岳伟琪 沈 慧
摄　　像：赵亦伟团队
拍　　照：蒋 浩
指导老师：管 静
核　　稿：管 静 肖妍娜
审　　稿：王 伟 王 宇 季红军

Jiang Yian

# 江逸安

江逸安，女，1962 年 5 月出生，江苏宝应人。1980 年高中毕业，进入南京中兴源丝织厂。1985 年进入南京纺织工业学校机织专业学习。毕业后，回到中兴源丝织厂，先后从事素机车间工艺员、丝绸分厂技术员、技术科打样员等工作，2017 年退休。1983 年获“南京市操作能手”荣誉称号，1984 年获评“南京市青年标兵”。

我1980年高中毕业以后就到中兴源丝织厂了。我父亲也是中兴源丝织厂的，他是1958年进厂的，当时是搞技术的。我刚进厂的时候是在织造车间负责花机，就是去织云锦的那个车间学习。半年以后，厂里结构调整，我又被调到素机车间的“三八红旗”小组去学习。我做学徒期间感触最深的就是我的师父，他是严格按照操作法在教我，我每操作一个步骤，他都会提醒我和丝织的操作法对照一下，因为有师父的指导，丝织操作成了我最感兴趣的。我记得是1981年，当时车间考核期结束需要考试，我考了第一名，所以就留在了素机车间。在素机车间我上手也很快，1983年我获得了“南京市操作能手”，所以师父带来的技术上的支持对我的影响还是很大的。1983年我自己还是学徒工时就开始带徒弟，也是按

江逸安早期照片

姓名 江逸安
性别 女 年龄 30
部门 丝绸分厂
职务 技术员
中丝字第000205号 1992年12月20日发

江逸安在中兴源丝织厂的工作证

照师父对我的要求，教学生操作法。1985年南京纺织工业学校招在职读书的学生，我又通过考试去读了三年机器织造专业。我临走前又带了一个徒弟，学习回来后又带了一个，我一共带过三个徒弟。

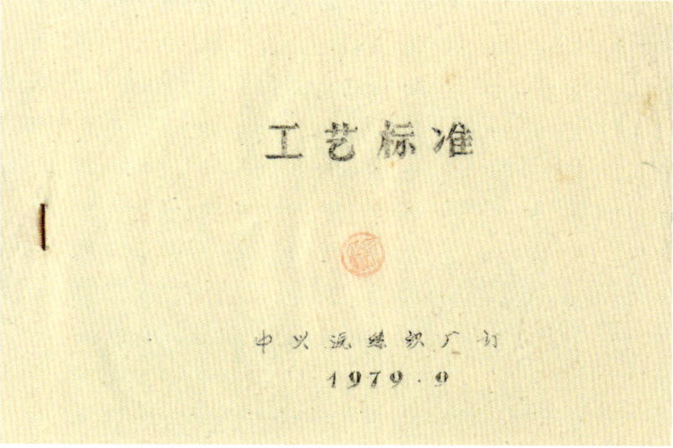
工艺标准

中兴源丝织厂订
1979.9

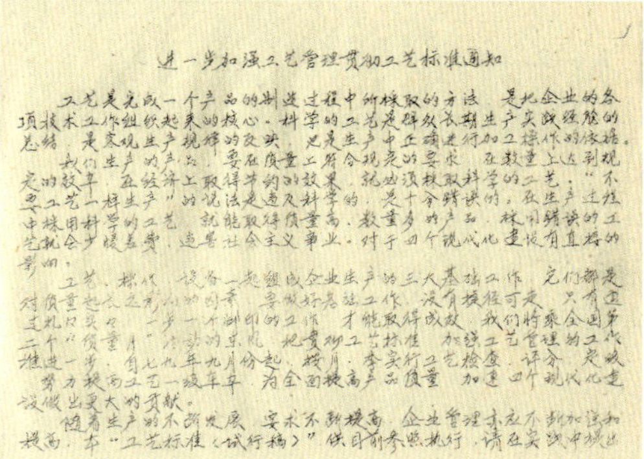
进一步加强工艺管理贯彻工艺标准通知

工艺是完成一个产品的制造过程中所採取的方法，是把企业的各项技术工作组织起来的核心。科学的工艺是群众长期生产实践经验的总结，是客观生产规律的反映，也是生产中正确进行加工操作的依据。

我们生产的产品，要在质量上符合规定的要求，在数量上达到规定的数字，在经济上取得节约的效果，就必须採取科学的工艺。"不要工艺一样生产"的说法是违反科学的，是十分错误的。在生产过程中採用科学的工艺，就能取得质量高、数量多的产品，採用错误的工艺就会少慢差费，违害社会主义事业，对于四个现代化建设有直接的影响。

工艺、操作、设备一起组成企业生产的三大基础工作，它们都是对质量起决定作用的因素，要做好基础工作，没有捷径可走，只有通过扎扎实实、一步一个脚印的工作，才能取得成效。我们将乘全国第二个"质量月"活动的东风，把贯彻工艺标准，加强工艺管理的工作推进一步，自七九年九月份起，按月、季实行工艺检查、评分、定级，努力提高工艺一级车[illegible]，为全面提高产品质量，加速四个现代化建设做出更大的贡献。

随着生产的不断发展，要求不断提高，企业管理亦应不断加强和提高，本"工艺标准（试行稿）"供目前参照执行，请在实践中提出

中兴源丝织厂制定的工艺标准

1988年毕业回来后，我就被调到中兴源丝织厂织造车间做技术人员了。当时的中兴源丝织厂织造车间技术人员负责三项管理：第一是质量管理，第二是工艺管理，第三是调度管理。其中工艺管理主要负责产品的工艺织造。在这个过程当中，我的感触很深，就是我们厂的云锦织造过程，都是严格按照操作法去做的，绝对保证质量。我做技术员时对工人的要求还是非常高的，我虽然是管理人员，但也经常跟他们在一起，因为我本身从基层出来。在技术工艺上面，为了达到质量要求，我都会按照操作法给他们演示，老一辈的师父都是很勤奋、很敬业的。上早班的人，他每天应该早上六点上班，但四点就来了，下午四点半下班，交接班的人也一定提早到，晚班的人比如晚上十点下班，他到晚上十二点都不走，真的是沉醉其中。那个时候也没有加班费，没有奖金，就是靠这种无私奉献的精神。我的感触是，不管做什么，首先技术要过硬，这样才能有质量，有了质量才能有产量。那时候我们对外贸的产品质量要求也很高，产品一旦出现质量问题一定是全部撤回的，不然一定会出大的差错。比如，有一次我们外贸的一批绸子中的一匹出现了问题，万幸我们提前发现，不然这批货就都没用了。当时这批货的生产立马停下来，重新检测找出问题所在，很多老师傅对我是很支持的，我不敢保证这个决定一定好还是坏，但就是立马停下来检查了。当时有人不理解，认为这样会造成停产，但我就坚持，表示万一上面领导

1990 年江逸安与中兴源丝织厂同事在南京栖霞山

1996 年江逸安在鼓楼广场

怪罪这个责任由我来承担。所幸当时的厂长肯定了我的做法。

1996年我就去负责厂里相关劳资工作了。2000年后我又去做了厂房租赁工作，主要是租赁厂房，收缴水电费之类的，一直做到我退休。因为我对这个企业很有感情啊，所以就想发挥一点余热。小的时候父亲就告诉我说云锦是丝绸行业中的高端品种，因此我对云锦一直是非常有感情的，即使退休了，我也是中兴源丝织厂的人。如果给我一个机会我还是愿意为中兴源丝织厂出一份力。

采访时间：2019 年 8 月
采访地点：南京江南丝绸文化博物馆
采 访 人：管　静
文字整理：朱光耀　张　奕　岳伟琪　沈　慧
摄　　像：赵亦伟团队
指导老师：管　静
核　　稿：管　静　肖妍娜
审　　稿：王　伟　王　宇　季红军

Xu Yongfang

# 徐永芳

徐永芳，女，1951 年 1 月出生，江苏南京人。1970 年分配至南京中兴源丝织厂工作。1972 年进入苏州丝绸工学院学习。1975 年毕业后回到南京中兴源丝织厂技术科，分管工艺。1997 年退休。

我是土生土长的南京人，毕业于南京市第五中学。1970年的3月进入中兴源丝织厂，我进厂以后先在专门织造素织物的素织车间工作。1972年，我作为工农兵学员从工厂到了苏州丝绸工学院读书。原来在中学的时候，我是最不喜欢纺织的，结果最后我偏偏走进了这个行业，还待了那么久，这也许就是命运吧！

1975年我毕业后回来先在车间锻炼，当了一段时间工人，然后当车间技术员。设备、工艺、织造等车间里所有的技术工作，我全部都得管，后来我又被调

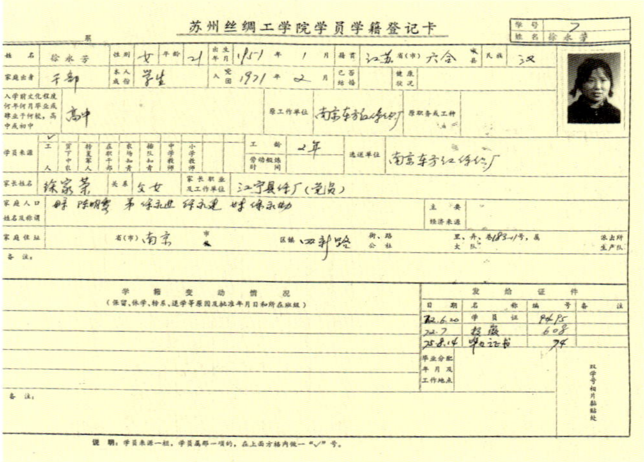
苏州丝绸工学院学员学籍登记卡

学号 7　姓名 徐永芳

姓名 徐永芳　性别 女　年龄 21　出生年月 1951年1月　籍贯 江苏省（市）六合县　民族 汉

家庭出身 干部　本人成份 学生　入党（团） 1971年2月　已否结婚　健康状况

入学前文化程度 高中　原工作单位 南京东方红丝织厂　原职务或工种

学员来源 工人　工龄 2年　劳动锻炼时间　选送单位 南京东方红丝织厂

家长姓名 徐家荣　关系 父女　家长职业及工作单位 江宁县丝厂（党员）

家庭人口姓名及称谓 母 陈明秀　弟 徐永进 徐永建　妹 徐永勤　主要经济来源

家庭住址 南京市 区镇 四新路 街、路 183-1号

备注：

学籍变动情况（保留、休学、转系、退学等原因及批准年月日和所在班级）

发给证件

| 日期 | 名称 | 编号 | 备注 |
| --- | --- | --- | --- |
| 72.6.20 | 学员证 | 9495 | |
| 72.7 | 校徽 | 608 | |
| 75.8.14 | 毕业证书 | 74 | |

毕业分配年月及工作地点

备注：

说明：学员来源一栏，学员属哪一项的，在上面方格内做一"√"号。

徐永芳学籍卡（苏州大学档案馆供图）

到技术科，就专门分管工艺这块。在制作云锦产品生产工艺前首先要品种设计，各个产品的组织结构都是不同的，花样跟组织结构匹配的过程就叫作品种设计。品种设计之后，我就要制定生产工艺标准了，从原料丝进来到成品出去，哪一道工序有什么样的技术要求，我都要一一设计好。工艺标准出来了以后，我再把这个制定好的工艺标准安排到各个工序去。在车间，我还要实地去检查考核每一道工序、工艺落实的情况，同时制定考核标准。我们厂当时大概一共有四十八个品种，每一个品种工艺最长的要经过二十三道工序，每一道工序的工艺标准的制定、检查考核都是我的事儿。

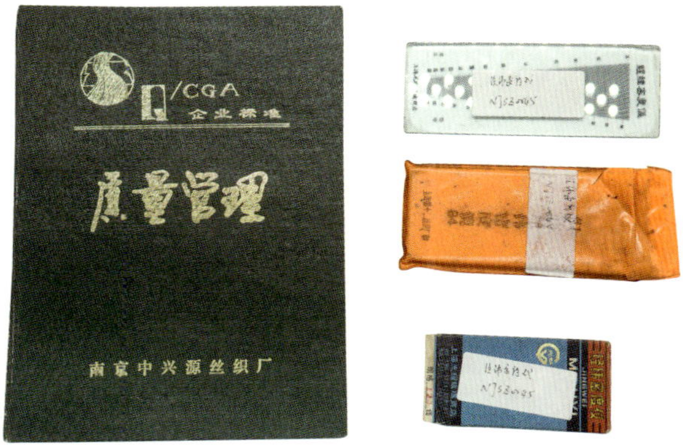

南京中兴源丝织厂质量管理手册

我的工作做得好坏直接关系到产品的质量。那么我们厂的质量好到什么程度呢？我们厂的产品不少是免检的，可以不用检查就直接出口，我们的产品出口到世界上一百多个国家。质量好真的是中兴源丝织厂的传统，清代中兴源丝织厂的产品就为宫廷服务了，它因为质量好在少数民族当中的地位也很高，现在西藏能看到的不少中兴源丝织厂的云锦也是清代传过去的。新中国成立以后，我们厂自己没办法把云锦销售到西藏去，因为语言不通，有回族同胞专门到我们厂来采购

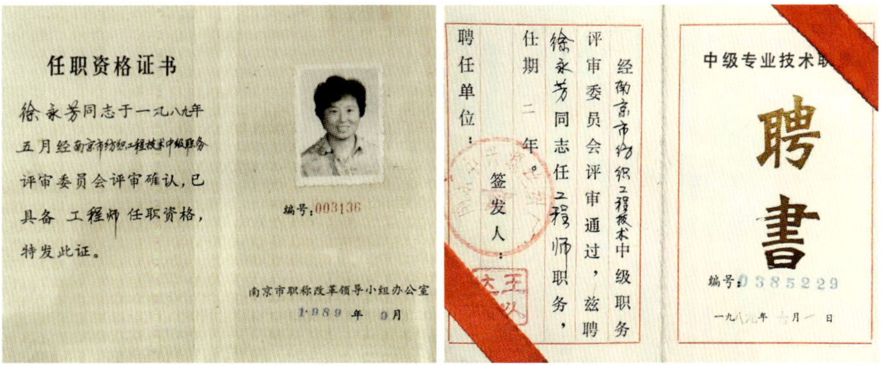

徐永芳的工程师资格证书和职务聘书

三色古香缎说明

印花富春纺说明

云锦运回西藏、青海，其中一个叫马福海。这些回族同胞又懂汉语又懂藏语，我们的云锦基本上就是他们运过去的。藏族同胞很虔诚地花光毕生积蓄用高价把这些云锦买回去，然后行很大的礼再供奉出去，所以我们的产品在那边都是非常受欢迎的。

我们还有一些云锦产品是专门根据少数民族客户需求来设计生产的，花纹有的参考庙里的纹样或者藏族文化里能接受的传统图案，在布达拉宫里面见到的云锦很多都是我们厂生产的。西藏保存的云锦花样很多、很全，我们有一位搞花样设计的同事胡长玲就专门进入藏传佛教的寺庙里去考察。他们后来设计的花样就是专门为这个寺庙和地区定制的。西藏自治区成立40周年庆时，我们还专门生产过一大批“万字缎”送过去。除了藏族同胞和蒙古族同胞，新疆维吾尔族同胞也喜欢云锦。蒙古族同胞喜欢穿我们的花库锦，新疆维吾尔族同胞喜欢拿云锦给帽子镶边。

古香缎

我们厂里曾经生产过一种产品叫“古香缎”。该品种主要用于装饰品的包装、拖鞋面料等，出口量很多。“古香缎”最早是由苏州东吴丝织厂生产，后来外销不够用，外贸部门让我们厂也来生产。我们厂当时生产了三个月，因为产品质量好，领导就拿这个来报选省优产品，结果直接跳级被评为部优。

中兴源丝织厂的产品质量高，品牌历史悠久，享誉海内外。在改革开放初期有一个香港人，她知道我们厂工艺厉害，于是就买了些天丝，这个天丝只有丹东丝绸研究所有，产天丝的蚕是在树上生长然后结茧，蚕茧天然是绿色的，缫出来的丝也是绿色的，一年大概只能收不到一公斤，因此天丝非常珍贵。她要我们用这仅有的一小盒天丝为她织件衣料，我们最后把剩下的20厘米的丝都给用上了。衣料织好后她非常满意，也佩服中兴源丝织厂的技术，最后给了我们三十万，那时这就是巨款了。

我特别希望现在有单位或有识之士够扛起恢复云锦这张大旗，想办法把中兴源丝织厂的机织产品复制出来，恢复部分生产，那就相当了不起了。不考虑现在能不能挣大钱，先有种子就能发芽开花，现在的市场前景也是可观的。云锦不能停留在这种纯手工层面上，第一是落后，第二是没有经济效益。我们厂的那些老档案，像设计图、花本等都在南京市档案馆里，真的要好好挖掘一下，好多东西值得保留和再发展起来。

采访时间：2019 年 7 月 28 日
采访地点：南京江南丝绸文化博物馆
采 访 人：卞雅雯　陈海棠
记 录 员：孙贺龙　李　涛　唐雨薇
摄　　像：林子涵　李　骁　付辰昊　黄梓嘉
指导老师：丰华琴　葛　茹
核　　稿：管　静　肖妍娜
审　　稿：王　伟　王　宇　季红军

Zhang Pei

# 张沛

张沛，男，1937 年出生，安徽灵璧人。1955 年毕业于南京晓庄师范学院，毕业后进入南京艺美丝织厂从事职工教育等工作，后担任厂办公室副主任。1964 年进入中兴源丝织厂，先后任宣传教育科科长、中心库主任。1974 年起，历时 10 年，专注中兴源丝织厂史资料的收集、整理，参与厂史编写。

我是1937年出生的，毕业于南京晓庄师范学院，22岁的时候进了艺美丝织厂从事职工教育工作，因为国家那时候在提高教育普及率。我虽然从事教育工作，但也是三班倒。艺美丝织厂是地方国营的，中兴源丝织厂是公私合营的。艺美丝织厂1964年前已经搬迁到了新街口丰富路，和中兴源丝织厂靠得很近，所以到了1964年的时候，艺美丝织厂被合并到了中兴源丝织厂。我在中兴源丝织厂机修车间做了10年的机修工作。

1974年，为了收集整理厂史资料，根据厂部安排，我集中走访了一批厂里的老工人，记录了他们的口述回忆资料。这些老工人，长期以丝织业为生，在丝织业有十分丰富的经历，其中有几位后来成了云锦大师。我整理的这些老工人的采访口述回忆资料，日后都成了编写厂史的重要内容。

20世纪80年代，厂里从上到下动员，正式要求组织编写厂史，当然这个厂史更多的是企业的发展演变史，包括中兴源丝织厂的规模、产量、产品、经营等方面。厂里要求各个部门收集资料，集中汇总给我，由我统一整理编纂。1985年7月我编写完成《南京中兴源丝织厂简况》，到了1988年的时候，我又根据经历人的口述以及历年原始资料整理、归纳后做了一次修订。我们厂里的老厂长杨之藩、毛重锦都在“中兴源缎号”当过学徒，是重要的资料提供人。

《南京云锦与中兴源丝织厂》摘选

实际上中兴源丝织厂原来并不是这么大规模的厂。在新中国成立前，丝织业大部分都是零散作坊。南京中兴源丝织厂的源头实际上是北京正源绸缎庄。1874年，李贤云（即李关之）与李盛云、李堂云、李纪云四兄弟在北京东珠市口60号创建“正源绸缎庄”，取意买卖之源不离公正，影响很大，清朝状元阎敬铭、翰林王祖光先后为绸缎庄书写匾额。同年秋，“正源绸缎庄”在南京绒庄街开设分号“正源兴记绸缎庄”，经营绸缎收购和放料加工业务。因为做得比较好，在很多地方都有分店。他们常年从北京到南京来采购丝绸。1904年，正源兴绸缎庄为了加强竞争力，保证丝绸产品的来源，增加放料的数量，实际上在南京已经形成了一个缎号，但碍于丝绸业工会有非本地人不得开设账号的规定，就没有正式开缎号。

1913年，李关之与南京人李柳堂、陈芦荪合股建立“中兴元缎号”。1924年，股东矛盾激化，拆伙分股各自经营。为了有所区别，李关之将“元”字改为“源”，称为“中兴源缎号”。此后十年，“中兴源缎号”一直处于兴旺时期，放料机和自织机多达800台，月素缎产量达1600匹（每匹5丈）。

1937年全面抗战爆发后，南京很快沦陷，整个行业面临诸多困难，丝织厂纷纷倒闭，到1945年抗战胜利时，“中兴源缎号”只剩下20张料机了。1948年，北京“正源号”分家，李氏后人李思厚、李少镜、李致中、李思明等合股接下“中

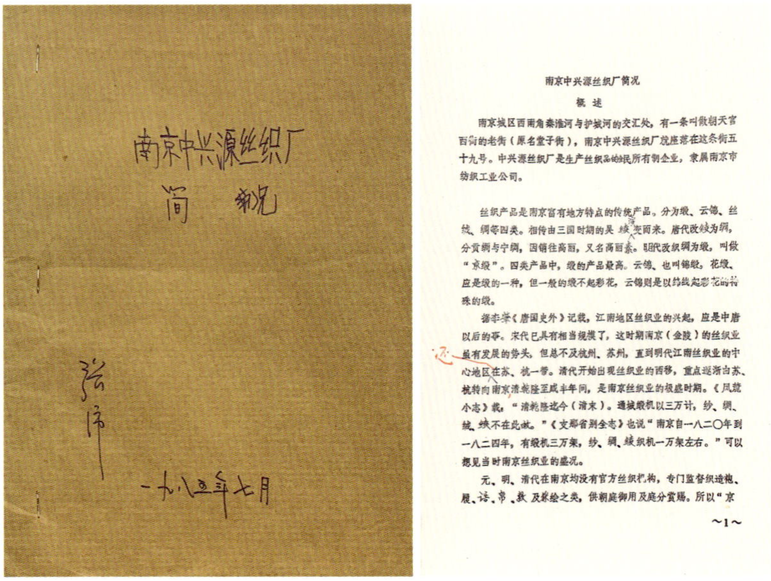


南京中兴源丝织厂简况

概 述

南京城区西南角秦淮河与护城河的交汇处，有一条叫做朝天宫西街的老街（原名堂子街），南京中兴源丝织厂就座落在这条街五十九号。中兴源丝织厂是生产丝织品的民所有制企业，隶属南京市纺织工业公司。

丝织产品是南京富有地方特点的传统产品。分为缎、云锦、丝线、绸等四类。相传由三国时期的吴绫演变而来。唐代改绫为绸，分贡绸与宁绸，因销往高丽，又名高丽素。明代改织绸为缎，叫做"京缎"。四类产品中，缎的产品最高。云锦、也叫锦缎，花缎、应是缎的一种，但一般的缎不起彩花，云锦则是以纬线起彩花的特殊的缎。

据李肇《唐国史补》记载，江南地区丝织业的兴起，应是中唐以后的事。宋代已具有相当规模了，这时期南京（金陵）的丝织业虽有发展的势头，但总不及杭州、苏州，直到明代江南丝织业的中心地区还在苏、杭一带。清代开始出现丝织业的西移，重点逐渐由苏、杭转向南京。清乾隆至咸丰年间，是南京丝织业的极盛时期。《凤麓小志》载："清乾隆迄今（清末）。通城缎机以三万计，纱、绸、绒、绫不在此数。"《支那省别全志》也说"南京自一八二〇年到一八二四年，有缎机三万架，纱、绸、绫织机一万架左右。"可以想见当时南京丝织业的盛况。

元、明、清代在南京均设有官方丝织机构，专门监督织造袍、履、诰、帛、敕及彩绘之类，供朝庭御用及庭分赏赐。所以"京

~1~

《南京中兴源丝织厂简况》摘选

兴源缎号"，更名为"中兴源丝织厂"。南京解放前夕，中兴源丝织厂只有4台织机还在断断续续的生产。新中国成立后，中兴源丝织厂得到很大发展。1956年，天丰、恒源、福源隆、汪泰仁记、吴祥泰、王成源、张芝记、邓裕兴等作坊与中兴源丝织厂合并，成立公私合营中兴源丝织厂。同年，厂址迁往张公桥6号，分设妆花车间、库锦车间、电机车间。1984年，全厂拥有各类型号织机344台，职工1369人，年产值1732万元。

新中国成立以前，南京丝织业大多分布在城南一带，以家庭作坊形式生产，很多人家世代以丝织为生，只要有一台机子就可以加工生产，号称十万户之多。这些散户每天早晨聚集到茶馆、桥头，等待商户发单放料，接收订单。接收订单的织户，每户都有一本折子，是放料的记录凭据，俗称"经折"，上面记录了织户加工品种、数量以及所获酬劳。

云锦是中兴源丝织厂最有特色的产品，妆花车间、库锦车间生产的丝织品应该都是属于云锦这一大类。手工织机改为电机，虽然产品没有原来的老木机织出来的精细，也织不出完整的龙袍，但产量却得到了大大提高，适应了普通百姓、

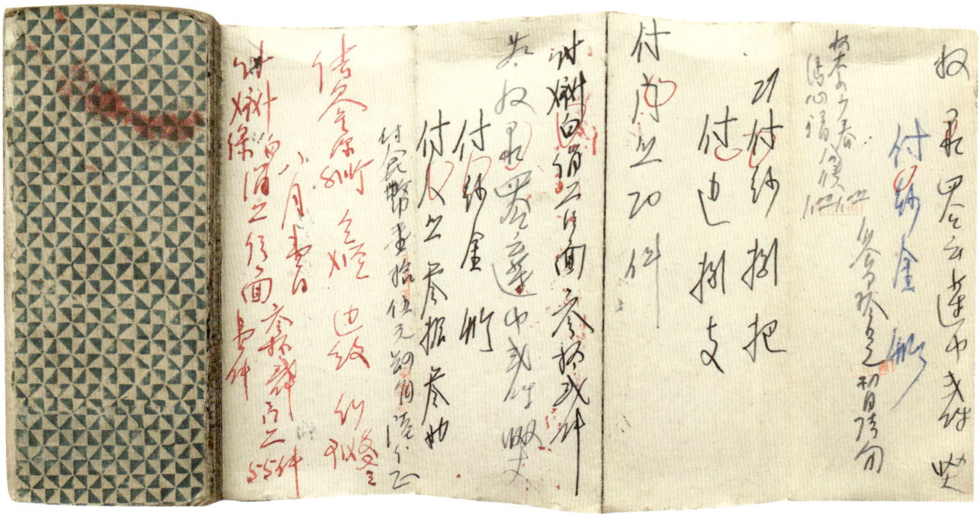

经折

南京中兴源丝织厂用章

《张沛书法集》及获奖证书

少数民族同胞和宗教寺庙的需要。毫不夸张地说，中兴源丝织厂是南京乃至全国生产云锦历史最悠久、水平最高的工厂。有些同志也曾呼吁设法恢复中兴源丝织厂，但是难度太大。有关部门现在提出“正本清源，百年中兴”，为振兴丝织业，振兴云锦，发扬光大“云锦”这张南京名片的影响和魅力，值得我们称道、点赞。

采访时间：2019 年 8 月
采访地点：南京江南丝绸文化博物馆
采 访 人：管　静
文字整理：朱光耀　张　奕　岳伟琪　沈　慧
摄　　像：赵亦伟团队
拍　　照：蒋　浩
指导老师：管　静
核　　稿：管　静　肖妍娜
审　　稿：王　伟　王　宇　季红军

Yu Yongchen

# 俞永晨

俞永晨，女，1952 年出生，江苏南京人，1979 年分配到中兴源丝织厂，先后在车间、化验室、销售科工作。

我是1952年出生的，小学上了整整6年，中学就没怎么上。我性格比较活跃，一直是在宣传队工作。后来到了1979年，我被分配到中兴源丝织厂。进厂后我就被分在车间，一开始是学织花库缎，也是云锦系列的，但没有八宝（团龙）那些出名。我进厂的时候才十几岁，上班很累，上一个星期夜班，再上一个星期中班，再上一个星期白班。我在车间的时候，还帮云锦研究所带过几个徒弟，他们到我们厂来培训，就是跟着我学习。我到云锦研究所去帮他们看样机，他们帮我们厂销售，后来好多产品都是云锦研究所去做。

当时中兴源丝织厂的产品基本都会销到青海、甘肃、西藏的寺庙，像布达拉宫里的那些柱子上的云锦都是我们厂的产品。我刚开始在车间就是纺织工，一待就是十年。我在厂里面参加了宣传队，只要有什么活动，都会积极参加。有时候参加一些活动和会议，我就会去宣传我们单位生产的产品。比如说我经常去北京、济南参加供销会，就把厂里的产品全部展览出来，然后就在会上直接签单、签合同了。为了把我们的产品推销出去，我当时去了全国很多地方。

1981年我被调到了化验室，负责厂里面的污水处理。到了1983年，我又到了销售科。销售原来我是不太懂的，就跟当时的销售科科长学习，他专门干销售很多年了，经验丰富。刚开始我就负责开票、收钱，慢慢地接触的人多了，也就开

中兴源丝织厂污水处理工程交付使用仪式

始销售产品了。那时候都要主动到别人单位去推销一些产品。我们跟戏剧场、戏剧服装厂联系的比较多。当时北京、上海、镇江等地的戏剧服装厂都来买我们厂的产品，所以我们厂的产品当时比较紧俏，供不应求，要货的人多的时候还要排队、要预约。我的收入从开始的每个月14块钱，涨到后来的每个月33块6毛钱，销量好的时候，还会有奖金，你销售多少东西就拿多少提成。那会大家工资都不高，对钱没有那么强烈的欲望，反而日子过得也挺好的。

厂里有一段时间是允许赊钱拿货的，货到再付款，但是有一定风险，就存在要债的问题。给我印象特别深的一件事是去海拉尔要债，此地在内蒙古东北部，从南京坐车到哈尔滨，然后再从哈尔滨转车坐好几天才能到。我一个女同志当时也就硬着头皮、壮着胆去了，可是经常也要不到货款的。我还去沈阳戏剧服装厂要过债，去了一个星期就要到债了。当时我们厂长跟我说："你不把债要回来，你就不要回来"，我压力很大。那会我家儿子还很小，我就天天堵在沈阳戏剧服装厂厂长办公室门口，我对厂长说："你一定要把钱给我，不然我回不了家，我一个女同志在外面不辛苦吗，你一个大男人在这个单位里面工作，你随时随地可以回家，但我却回不了家，我的孩子怎么办，我家怎么办，你一定要想办法。"这个厂长最后被我盯得没办法了，只好把钱给我了。现在回想起来，当时就是靠一股劲支撑下来的。

时花库锦

八宝团龙锦

大概到了1996年的时候，我自己出来开了一个小的公司，但还是离不开云锦这一行，想继续做下去，我这个公司主要还是以销售花机车间的产品为主。后来跟现在江宁谷里合办工厂，他们生产产品，我们公司来销售，干了大概两年多，原材料涨得太高，资金周转不过来，公司也就没能维持下去。我始终都没离开过云锦这个行业，直到现在还是时刻关注云锦，因为有很深的感情。

采访时间：2020年7月17日
采访地点：南京江南丝绸文化博物馆
采 访 人：管　静
文字整理：朱光耀　张　奕　岳伟琪　沈　慧
摄　　像：赵亦伟团队
拍　　照：蒋　浩
指导老师：管　静
核　　稿：管　静　肖妍娜
审　　稿：王　伟　王　宇　季红军

Yu Chengyuan

# 余成源

余成源，男，1934年出生，四川巴县人。早期是南京第四文化馆干事，业余喜欢拍照，后转入中兴源丝织厂从事宣传工作，为中兴源留下了许多珍贵的影像资料与绘画作品。1984年1月去世。

（本文根据余成源的女儿余春兰的口述整理）

我父亲余成源最早是在文化馆工作的，当时文化馆是属于事业单位，他是专门搞文艺工作的。记得小时候我就喜欢晚上去看他们组织的文艺演出，当时老百姓都可以进文化馆看，看完节目都晚上十点多了，父亲他们才能下班，我也跟着一起回家，那时候他的工资在文化馆里算是最高的。

我父亲文笔是很好的，他年轻时非常勤奋刻苦，而且他工作责任心也很强。正是因为他不顾自己身体倾力工作，49岁就患病去世了。他是20世纪70年代后期从文化馆下到基层，当时我们生活也是比较困难的，为了就近照顾我们

| 姓名 | 余成源 | | |
| --- | --- | --- | --- |
| 部别 | 第四文化館 | | |
| 职别 | 干事 | 年龄 | |

注意：
1. 本証应随身攜帶，不得遺失。
2. 如至其他机关接洽公务，仍凭介紹信。
3. 工作調动时应将本証繳回。

余成源在文化馆的工作证

1955 年第四文化馆全体同志留影

两个孩子就去了家门口的中兴源丝织厂，还是主要从事绘画、宣传的工作。因为是文化馆过去的，我父亲一直拿着50块钱一个月的工资直到他去世。

当时的中兴源总厂在朝天宫的西街，还有几个分车间围绕在那附近的周边居民区里。那时候厂里的机子不分昼夜地24小时运作，机器工作时嘎啦嘎啦地响，吵得很，不过我们天天听也习惯了。中兴源丝织厂的产品质量真的很好，工艺非常精美，价格也很贵，当年也是出口创汇的品牌，产品都供不应求。我结婚时候的被面就是我父亲找厂领导批示才买到的，相当于我的嫁妆了，当时花了不少钱。我结婚40多年了，这个被面的色彩一点不褪，像新的一样，手感也还很好，不是其他纺织品可以比的。

南京中兴源丝织厂被面

我母亲也是在中兴源丝织厂工作的，她负责最后一道工序——检验，这个工作很辛苦，对身体和眼睛的要求都很高，我母亲因此落下很严重的颈椎病。那时候检验单上都详细地记录经手人、检验米数和存在问题，这些检验单作废后还被我父亲收集起来当纸头写写随笔。

中兴源丝织厂最辉煌的就是20世纪70年

余成源绘画作品《欢迎外宾》

中兴源丝织厂纺织女工（余成源摄）

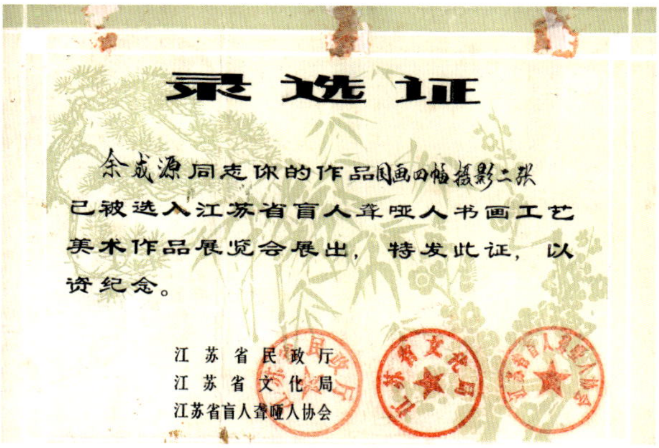
录选证

余成源同志你的作品国画四幅摄影二张已被选入江苏省盲人聋哑人书画工艺美术作品展览会展出，特发此证，以资纪念。

江苏省民政厅
江苏省文化局
江苏省盲人聋哑人协会

1981 年余成源参加展览及其作品录选证

代至80年代，那时候我父亲白天正常上班，晚上还要画画。父亲在中兴源丝织厂、朝天宫一带都很有名气，有影响力，大家都知道他画画好、文笔好。那时候父亲画画真是无私奉献，一分钱都不要，画到很晚就吃上一碗肉丝面，第二天一早继续去上班. 现在想起来是很累的。当时他还画了不少中兴源丝织厂纺织工一类的画。父亲在1983年10月还参加了绘画展览并获奖。当时他以国画、油画见长，但是原作都没有很好地保留下来，留在家里的这些草稿可能都是他认为不是很成熟的构思吧！

中兴源丝织厂那时候还组织很多下乡活动，每年一到秋收季节，厂里就组织工人们利用礼拜天的休息时间到农村帮助农民秋收。我父亲也积极参加，带着我妈炒的一盒鸡蛋炒饭就去干活了。父亲还是一个摄影爱好者，业余时经常拍拍照片。中兴源丝织厂那时候有组织民兵，工人倒班把休息时间倒到一起，相约到野外练习射击，我父亲都把这些场景用相机照下来了，在他短暂的一生中留下了许多摄影作品。

余春兰

现在我家里存了很多当时拍摄厂里情况的

底片，也是对父亲的一种怀念，我一直保留着没舍得处理，现在看来都是很珍贵的历史资料。

我高中毕业以后，也在中兴源丝织厂工作，经常也是三班倒，上夜班的时候还可以在厂里免费吃一顿饭，当时我也很高兴了。后来我父亲生病了，身体很不好，在家里养病，当时领导们一起都来看望他，他就提出想搞一个职工摄影展览的愿望。领导后来在中兴源丝织厂批了一个大会议室，把我父亲很多的摄影作品和绘画作品汇总做了展览，展览后展品被留在了厂里。

采访时间：2019 年 12 月 30 日
采访地点：南京江南丝绸文化博物馆
采 访 人：朱光耀　张　奕　岳伟琪　沈　慧
文字整理：朱光耀　张　奕　岳伟琪　沈　慧
摄　　像：赵亦伟团队
拍　　照：蒋　浩
指导老师：管　静
核　　稿：管　静　肖妍娜
审　　稿：王　伟　王　宇　季红军

Xie Caixia

# 谢彩霞

谢彩霞，女，1942 年出生，江苏南京人。1958 年考入南京纺织工业学校丝织专业。1961 年毕业后进入南京中兴源丝织厂，先后从事统计和质量检测工作，担任过质检科科长。代表中兴源丝织厂参加全国的操作运动会、江苏省丝绸质量大赛。

我是1942年出生，1958年考到南京纺织工业学校丝织专业。1961年毕业后，我就被分配到中兴源丝织厂，之后就一直没有离开过，直到退休。刚进厂的时候，我们都是要实践操作，但两年过去了，发现学的东西没有用上，于是我就开始从事统计之类的工作。再后来我就被调到车间的办公室，在技术科抓操作，整个丝绸生产过程，从准备前道工序到形成产品，各个工序都要抓。我具体干了多少年记不清楚了，大概有10年，时间蛮长的。

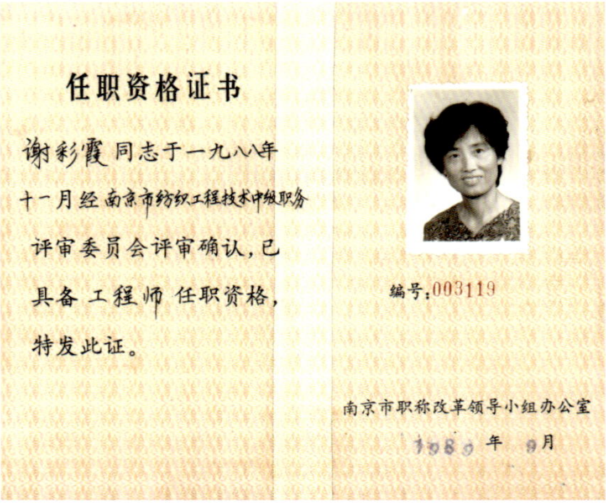
任职资格证书

谢彩霞同志于一九八八年十一月经南京市纺织工程技术中级职务评审委员会评审确认，已具备工程师任职资格，特发此证。

编号：003119

南京市职称改革领导小组办公室

198[illegible]年 [illegible]月

谢彩霞的任职资格证书

中兴源丝织厂的绸缎样品

中兴源丝织厂的生产照片

20世纪80年代的时候，在为期三个月的全国操作运动会比赛期间，我作为裁判到江浙沪地区的各个厂去考核比赛，相较之下中兴源丝织厂在操作这方面都是特别出色的，产品的整体质量也确实是很好的。中兴源丝织厂的产品在江苏省可以说是一块牌子，我们好的原因是什么？是因为我们整个工序，从原料进厂到产品出厂整个过程都做得比较踏实，原料进来的时候就有分档，每个工序都有质量把关的人，所以说在质量方面抓得很严。我被调到质检科专门搞质量检验后，每个礼拜都要召开质量的分析会，每个车间的主任、技术员都要参加的，包括厂长都要参加，可见整个厂对质量的重视，我们每年的出口合格率都在98%以上，这是一个很高的标准了。所以中兴源丝织厂的云锦是免检产品。

1987年，江苏省丝绸公司举办质量大赛，质量比赛的赛制比较特殊，不是排名次的，因为云锦是没有可比性的，比较独立。云锦本身来说已经有很长年数了，中兴源丝织厂的“松鹤牌”搞了这么长时间，在国内外都一直有相当的影响力，信誉比较高的，能做到万米无瑕疵，所以说没有可比性。

采访时间：2020年7月17日
采访地点：南京江南丝绸文化博物馆
采 访 人：管　静
文字整理：朱光耀　张　奕　岳伟琪　沈　慧
摄　　像：赵亦伟团队
指导老师：管　静
核　　稿：管　静　肖妍娜
审　　稿：王　伟　王　宇　季红军

Pan Xiaohong

# 潘晓红

潘晓红，女，1943 年出生，江苏南京人。1958 年中学毕业后到艺美丝织厂工作。1963 年艺美丝织厂合并到中兴源丝织厂，从事质检工作，1994 年退休。

我是1958年从南京第四中学初中毕业，那时刚刚15岁，我就报名参加工作，分在艺美丝织厂。因为艺美丝织厂以前用的都是老木机，当时厂里只有60台素机，没有花机，厂里就把我们调到上海去培训学丝绸。我们当时在上海徐家汇的华强、美亚丝织厂培训了6个月。

1961年开始贯彻中央八字方针“调整、巩固、充实、提高”，艺美丝织厂准备并到中兴源丝织厂，1963年左右正式合并完成。那个时候艺美丝织厂虽然只有60台机器，但是质量都很好。中兴源丝织厂当时把我们这些有文化的、技术好

潘晓红工作照

潘晓红的资格证书

的、学历高的都留下来。到了中兴源丝织厂以后，中兴源丝织厂机器品种就丰富很多，我开始接触到花机。这么算起来，我20岁就进了这个厂，跟这个厂确实有深厚的感情。在厂里，虽然我那个时候年龄小，个子也不高，但我非常爱学习，对什么都感兴趣，还比较刻苦。我一开始做接头工，接头相当快，一分钟能接60个头，当时的厂长很看重我，把我调到检验组去做检验。刚去检验组时我们厂技术员来考我，问我几个检验标准，我对答如流，自那以后我就一直搞检验工作了。不久我从检验组调到质检科，后来又负责全厂产品质量总检。我是有技师证和技术等级证书的，那个时候南京能考到这个证书的人不多。那时还经常搞全国质量评比，所有货都要好中挑好，一点瑕疵都不能有。我们厂所有的要送去评比的品种都是派我质检的，通过我挑出来的产品送上去，最后获得了很多奖。我检验一批产品，拿在手上一看，上面只要有一点瑕疵，我就知道这个毛病出在哪里，是在哪个环节出了问题，是原料还是设备还是操作，我都能一一指出来，然后去整改，基本都能把质量问题解决。

中兴源丝织厂对质检这一个环节真的是非常重视。每一个瑕疵都要找到源头，不放过任何产生问题的可能，责任到人。有的时候绸子上出了毛病会有扯皮现象，因为检验员评分，扣分直接涉及扣钱，质量和工资是直接挂钩的。有一次一批绸子上面出现几十个洞，检验员开始认为是挡车工问题，后来我跑去一看，认为这个不能怪挡车工，我分析应该是机子有问题。当时使用的是K61老机型，K61机子的前面构件是木头的，周长是60厘米，我看这个洞是每60厘米一个洞，

绸缎样品

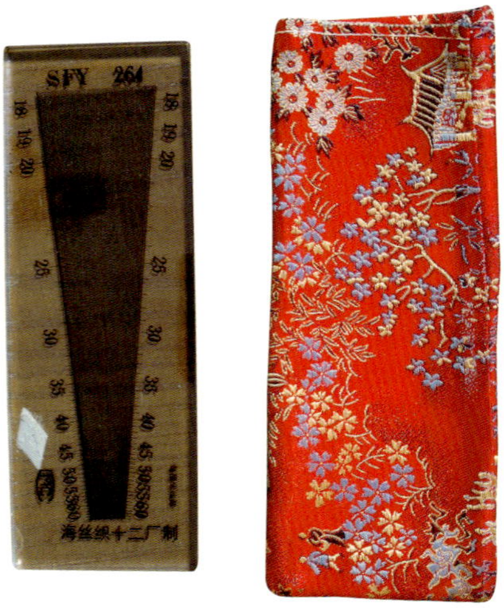


标尺及绸缎样品

而且里面大外面小，圆溜溜的，我立刻判断木机子里面出了一条蛀虫。挡车工回到车间按照出洞的距离把绸子放下来一检查，果然机器里有一条肥肥的虫，它是从里面吃到外面。真丝蛋白质高，虫子就爱吃这个。还有一次，料子上老是出疵头，无缘无故出疵头，老扣车工的分，一个疵头要扣10分，一批走下来就是次品了。大家就奇怪哪来那么多问题，也没有停机。后来我跑到车间一看，一摸，螺丝松了，把螺丝一紧，问题随之就消失了。我们的老厂长讲过一句话，对我启发很大，他说你们检验员不能光想着扣分，要知道这个毛病哪块来的，我就一直记住这句话。

中兴源丝织厂的云锦质量好主要体现在三个方面：第一是云锦颜色鲜艳，其实这要归功于我们厂的染坊，这些颜色都是我们自己在染坊里染的，能保证云锦不掉色不褪色，哪怕百年以后它的色彩都是很鲜艳的；第二是云锦图案丰富，云锦上面的图案有人物、有风景、有建筑，呈现出车水马龙的画面，这些对细节要求很高的图案我们厂都能织出来；第三是云锦密度高，我们用的都是上海丝织十二厂的密度镜，它的密度镜最标准，密度镜跟纬线平行，云锦的密度在每厘米23根以下是低密度和中密度，23根以上就是高密度，我们的云锦都是高密度的，所以说多少年来一点不松散。有质有量，这就是我们厂的优势和特色。我们厂最辉煌的时候是1984年，当时搞110年厂庆，因为工厂的产品好、效益好，就发了一些被子、羊毛毯子、毛巾等福利，那个时候一般单位福利都不如我们厂。

1994年，我50岁的时候退休。那时候在盐城大丰有一个联营丝织厂，他们的丝绸质量不是很好，我出差去过几次，给他们指导过，一改进以后，他们的丝绸拿到杭州丝绸市场就好卖了。因为我在中兴源丝织厂锻炼出的经验、眼力和分析能力，给他们厂带来了很好的质量改变和经济效益。退休后，他们就邀请我去，出于对丝绸质检工作的热爱，我又在那个厂干了10年。

采访时间：2019年7月23日
采访地点：南京江南丝绸文化博物馆
采 访 人：管 静
文字整理：朱光耀 张 奕 岳伟琪 沈 慧
摄　　像：赵亦伟团队
指导老师：管 静
核　　稿：管 静 肖妍娜
审　　稿：王 伟 王 宇 季红军

# 附录

附录一

江苏绸缎品种规格档案资料（中兴源丝织厂 · 金玉缎）

1 2 3 4 5 6 7 8 9

| | |
|---|---|
| 类　　别 | |
| 统一品号 | |
| 地区品号 | |
| 品　　名 | 金玉缎 |
| | |

# 江苏绸缎品种规格

# 档案资料

| | |
|---|---|
| 品　　名 | |
| 产地(厂) | |
| 归档日期 | 年　　月　　日 |

江苏省丝绸公司

# 丝绸产品原料用量计算表

地区：南京　　　　83年10月　日

| | | | | | |
|---|---|---|---|---|---|
| 品号 | 62901 | 品名 | 金玉缎 | 类别 | [illegible] |

**坯绸织造规格**

筘外幅(Cm)＝筘内幅 72 Cm＋边幅 0.5 Cm×2＝73　筘号 30　羽穿入 4 根

经密 123.4 根/Cm　纬密 64 根/Cm　总经根数＝内经 8640＋边经 64 ×2＝8768 根

| 基本组织 | 梭箱轴数 | 针综数 | 应用织机类别 | | | |
|---|---|---|---|---|---|---|
| | | | 一般素机 | 多臂机 | 提花机 | 绒机 |
| 八枚缎 | 2×1 / 1 | 1080针 | | | ✓ | |

| 经线组合 | | 纬线组织 | |
|---|---|---|---|
| 甲 | (20/22D 8T×2)6T 熟色厂丝 根 | 甲 | 1/120D 有光色人丝 根 |
| 乙 | 根 | 乙 | 根 |
| 丙 | 根 | 丙 | 根 |

**织缩率%**

| 经别 | 原料条分(D) 经 | 原料条分(D) 纬 | 纬密 根/Cm | 基本组织系数 | 经纬原料不等差率 | 增加率 | 织缩率(%) |
|---|---|---|---|---|---|---|---|
| 甲 | 乙 | 丙 | 1 | 2 | 3 | 4 | 5＝1×2×[1＋(3)＋(4)] |
| 甲 | 42 | 120 | 64 | 810 | 4 | | 5.09 |
| 乙 | | | | | | | |
| 丙 | | | | | | | |

**坯绸原料用量及成本**

| 经线别 | 坯绸长度 | 总经根数 | 1+织缩率 | 1+拈缩率 | 1-浆伸率 | 1＋工艺缩率 | 并合 | 经线长度(取6位) | 条分(D) | 经线净用量 | 1+回丝率 | 经线用量kg | 经线原料成本 单价 | 经线原料成本 金额 |
|---|---|---|---|---|---|---|---|---|---|---|---|---|---|---|
| | 1 | 2 | 3 | 4 | 5 | 6 | 7 | 8＝1×…×7 | 9 | 10＝$\frac{8\times9}{900万}$ | 11 | 12＝10×11 | 13 | 14＝12×13 |
| 甲 | 100 | 8768 | 105.39 | 100.86 | | 101 | 2 | 188265 | 21 | 4.393 | 101.59 | 4.464 | | |
| 乙 | 100 | | | | | | | | | | | | | |
| 丙 | 100 | | | | | | | | | | | | | |
| 丁 | 100 | | | | | | | | | | | | | |

| 纬线别 | 坯绸长度 | 纬密根/Cm | 筘外幅 | 1+拈缩率 | 1＋工艺缩率 | 并合 | 纬线长度(取6位) | 条分(D) | 纬线净用量 | 1+回丝率 | 纬线用量kg | 纬线原料成本 单价 | 纬线原料成本 金额 |
|---|---|---|---|---|---|---|---|---|---|---|---|---|---|
| | 1 | 2 | 3 | 4 | 5 | 6 | 7＝1×…×7 | 8 | 9＝$\frac{7\times8}{900万}$ | 10 | 11＝9×10 | 12 | 13＝11×12 |
| 甲 | 100 | 64 | 73 | | 101 | 1 | 471872 | 120 | 6.292 | 101.64 | 6.395 | | |
| 乙 | 100 | | | | | | | | | | | | |
| 丙 | 100 | | | | | | | | | | | | |
| 丁 | 100 | | | | | | | | | | | | |

| | |
|---|---|
| 原料成本小计 | |
| 减下脚价值 | 0.30 |
| 百米原料成本 | |

编制单位 中兴源丝织厂　计算______

审核单位 省丝绸公司　复核 [illegible]

## 江苏省绸缎品种统一规格单

年　月　日

统一品号 62901　　地区品号　　品名 70/94 金玉缎

| 成品规格 | | | 织造规格 | |
|---|---|---|---|---|
| 外幅 | 71 | Cm | 钢筘 | 内幅 72 Cm＋边幅 0.5 ×2＝外幅 73 Cm，筘号 30 穿入 4 |
| 内幅 | 70 | Cm | | 内筘齿数 2160＋边筘齿数 10 ×2＝总筘齿数 2180 边筘号 20 |
| 经密 | 123.4 | 根/Cm | 经线数 | 甲经 8640 根＋边经 64 ×2＝总经线数 8768 根 |
| 纬密 | 64 | 根/Cm | | 乙经　根　丙经　根 |
| 匹长 | 40.2 | m | 经线组合 | 甲 (1/20/22D 桑蚕丝 8T/S×2) 6T/Z 熟色；原料定量 44.54 g/m |
| 匹重 | 3.78 | kg | | 乙　g/m |
| 平方米重 | 122克合 | m/m | | 丙　g/m |
| 基本组织 | 八枚缎 | | 纬线组合 | 甲 1/120D 有光色人丝；63.95 g/m |
| | | | | 乙　g/m |
| | | | | 丙　g/m |
| 原料含量 | 桑丝 36 | % | 工艺流程　经 | 原料—浸渍—络丝—捻丝—併丝—捻丝—定形—成绞—染色—翻丝—整经—织造 |
| | 人丝 64 | % | | |
| | | % | 工艺流程　纬 | 原料—排列—成绞—染色—络丝—卷纬—织造 |
| | | % | | |
| 坯绸规格 | | | 织机装造 | 纹针 1080 针 双巴吊 4 花　投梭顺序 甲 |
| 外幅 | 71 | Cm | | 综片　片梭箱 2-1　经轴 1　边组织 缎纹 |
| 内幅 | 70 | Cm | 边经穿法 | 大边 1 根/综 6 综/齿共 9 齿×2，小边 10 根/综 1 综/齿共 1 齿×2 |
| 纬密 | 64 | 根/Cm | 后处理 | 熟织　备注 |
| 匹长 | 40.2 | m | | |

绸　样

基　本　组　织　图

## 绸缎品种成品重量计算

| 原料名称 | | 原料净用量 | 炼折(%) | 每米单项原料重量(g/m) | 原料含量(%) | 1±染整长度缩率(%) | 成品每米重(g/m) |
|---|---|---|---|---|---|---|---|
| 1 | | 2 | 3 | 4=2×3 | 5=4÷6 | 7 | 8=6×7 |
| 甲 | 桑蚕丝 | 43.93 | 78 | 34.26 | 36 | | |
| 乙 | 粘丝 | 62.92 | 97 | 61.03 | 64 | 0 | 94 |
| 丙 | | | | | | 平方米重 g/m² | 匹重 kg |
| 丁 | | | | | | 9=8+成品外幅 | 10=8×匹长 |
| | | | | | | 132 | 378 |
| 6.每米原料净重量(g/m) | | | | 94.96 | | | |

注：1.第6项指单项原料重量之和 2.第二项中凡桑蚕丝原料净用量填写时应扣除工艺缩率。

## 绸缎品种规格更改记录

| 日期 | 审批书编号 | 原规格项目与内容 | 更改原因及更改内容 |
|---|---|---|---|
| | | | |

附录二

江苏绸缎品种规格档案资料（中兴源丝织厂·莲（时）花库锦）

地区品号：96193

1 2 3 4 5 6 7 8 9

| | |
|---|---|
| 类别 | 桑棉亮光锦 |
| 统一品号 | |
| 地区品号 | 96193 |
| 品名 | 71/440 莲(时)花库锦 |
| | |

# 江苏绸缎品种规格

# 档案资料

| | |
|---|---|
| 品名 | |
| 产地(厂) | 南京中兴源丝织厂 |
| 归档日期 | 83 年 10 月 15 日 |

江苏省丝绸公司

# 丝绸产品原料用量计算表

地区：　　　　　　　　　　　　83年10月15日

| 品号 | 96193 | 品名 | 莲(时)花库锦 | 类别 | 桑棉亮光锦 |
|---|---|---|---|---|---|

**坯绸织造规格**

筘外幅(Cm)＝筘内幅 73 Cm＋边幅 0.6 Cm×2＝74.2　筘号 14.4　羽穿入 4/1 根

经密 72 根/Cm　纬密 42 根/Cm　总经根数＝内经 甲4208 乙1052 ＋边经 48 ×2＝ 4304 / 1052 根

| 基本组织 | 梭箱 | 2×2 | 针数 | 1080 片 | 应用织机类别 | | | |
|---|---|---|---|---|---|---|---|---|
| 四枚斜 | 轴数 | 2 | 综 | 二片 | 一般素机 | 多臂机 | 提花机✓ | 绒机 |

| 经线组合 | | | 纬线组织 | | |
|---|---|---|---|---|---|
| 甲 | 210N/2 色绢丝 | 根 | 甲 | 21S/1 色棉纱 | 根 |
| 乙 | (1/20/22D桑蚕丝8T/S×2)6T/Z〈色〉 | 根 | 乙 | 1/120D有光人丝＋171D金皮 | 根 |
| 丙 | | 根 | 丙 | | 根 |

**织缩率%**

| 经别 | 原料条分(D) 经 | 原料条分(D) 纬 | 纬密 根/Cm | 基本组织系数 | 经纬原料不等差率 | 增加率 | 织缩率(%) |
|---|---|---|---|---|---|---|---|
| 甲 | 乙 | 丙 | 1 | 2 | 3 | 4 | 5＝1×2×[1＋(3)＋(4)] |
| 甲 | 86 | 253 | | | | | |
| 乙 | 42/ | 291/ | | | | | |
| 丙 | /64 | /272 | 42 | 1873 | 106.5 | | 8.38 |

**坯绸原料用量及成本**

| 经线别 | 坯绸长度 | 总经根数 | 1+织缩率 | 1+拈缩率 | 1-浆伸率 | 1＋工艺缩率 | 并合 | 经线长度(取6位) | 条分(D) | 经线净用量 | 1+回丝率 | 经线用量kg | 经线原料成本 单价 | 经线原料成本 金额 |
|---|---|---|---|---|---|---|---|---|---|---|---|---|---|---|
| | 1 | 2 | 3 | 4 | 5 | 6 | 7 | 8＝1×…×7 | 9 | $10\times\frac{8\times9}{900万}$ | 11 | 12＝10×11 | 13 | 14＝12×13 |
| 甲 | 100 | 4304 | 108.38 | | | 101 | 1 | 471132 | 86 | 4.502 | 100.97 | 4.546 | | |
| 乙 | 100 | 1052 | 108.38 | 100.86 | | 101 | 2 | 230293 | 21 | 0.542 | 101.39 | 0.55 | | |
| 丙 | 100 | | | | | | | | | | | | | |
| 丁 | 100 | | | | | | | | | | | | | |

| 纬线别 | 坯绸长度 | 纬密根/Cm | 筘外幅 | 1+拈缩率 | 1＋工艺缩率 | 并合 | 纬线长度(取6位) | 条分(D) | 纬线净用量 | 1+回丝率 | 纬线用量kg | 纬线原料成本 单价 | 纬线原料成本 金额 |
|---|---|---|---|---|---|---|---|---|---|---|---|---|---|
| | 1 | 2 | 3 | 4 | 5 | 6 | 7＝1×…×7 | 8 | $9\times\frac{7\times8}{900万}$ | 10 | 11＝9×10 | 12 | 13＝11×12 |
| 甲 | 100 | 21 | 74.2 | | 101 | 1 | 157378 | 253 | 4.421 | 101.75 | 4.501 | | |
| 乙 | 100 | 21 | 74.2 | | 101 | 1 | 157378 | 120 | 2.098 | 101.64 | 2.132 | | |
| 丙 | 100 | 21 | 74.2 | | | 1 | 155820 | 171 | 2.961 | 101.75 | 3.013 | | |
| 丁 | 100 | | | | | | | | | | | | |

| 原料成本小计 | |
|---|---|
| 减下脚价值 | 0.30 |
| 百米原料成本 | |

编制单位 中兴沅丝绸厂　计算________

审核单位 省丝绸工业公司　复核 胡飞祥

江苏省绸缎品种统一规格单　　83 年 10 月 15 日

统一品号　　地区品号 K96193　　品名 71/135 莲(时)花库锦

| 成品规格 | | | 织造规格 | | | | |
|---|---|---|---|---|---|---|---|
| 外幅 | 72 | Cm | 钢筘 | 内幅 73 Cm＋边幅 0.6 ×2＝外幅 74.2 Cm，　筘号 14.6 穿入 4/1 | | | |
| 内幅 | 71 | Cm | | 内筘齿数 1052＋边筘齿数 6 ×2＝总筘齿数 1064　边筘号 10 | | | |
| 经密 | 74 | 根/Cm | 经线数 | 甲经 4208 根＋边经 48 ×2＝总经线数 4304 根 | | | |
| 纬密 | 42 | 根/Cm | | 乙经 根　~~丙经~~ 1052 根 | | | |
| 匹长 | 21 | m | 经线组合 | 甲 1/210N/2 桑捻丝（色） | 原料定量 | 45.46 | g/m |
| 匹重 | 2.84 | kg | | 乙 (1/20/22D 桑蚕丝 8T/S×2) 6T/2 本色 | | 5.5 | g/m |
| 平方米重 187 克合 | | m/m | | 丙 | | | g/m |
| 基本组织 | 甲四枚斜 乙平纹 | | 纬线组合 | 甲 1/21S/1 色棉纱 | | 45.01 | g/m |
| | | | | 乙 1/120D 人丝(色)＋1/171D 金皮 | | 21.33 | g/m |
| 原料含量 | 桑丝 33 | % | | 丙 | | 30.12 | g/m |
| | 棉纱 31 | % | 工艺流程 经 | 挑剔—染色—翻丝—整经—织造 | | | |
| | 人丝 15 | % | | 挑剔—捻丝—并丝—倍捻—并丝—成绞—染色—翻丝—整经—织造 | | | |
| | 金属线 21 | % | 纬 | 挑剔—染色—翻纱—卷纬—织造 | | | |
| | | % | | 人丝—挑剔—染色—捻丝—→倍捻—卷纬—织造 | | | |
| | | % | | 金皮—挑剔—↗ | | | |
| 坯绸规格 | | | 织机装造 | 纹针 1080 针 单 巴吊 4 花 | 投梭顺序 | 甲乙 | |
| 外幅 | 72 | Cm | | 综片 2 片 梭箱 2—2 经轴 2 | 边组织 | 二重四枚斜 | |
| 内幅 | 71 | Cm | 边经穿法 | 大边 2 根/综 4 综/齿 共 5 齿 ×2，小边 3 根/综 1 综/齿 共 1 齿 ×2 | | | |
| 纬密 | 42 | 根/Cm | 后处理 | 熟织 | 备注 | | |
| 匹长 | 21 | m | | | | | |

绸　样

基 本 组 织 图

## 绸缎品种成品重量计算

| 原料名称 | | 原料净用量 | 炼折(%) | 每米单项原料重量(g/m) | 原料含量(%) | 1±染整长度缩率(%) | 成品每米重(g/m) |
|---|---|---|---|---|---|---|---|
| 1 | | 2 | 3 | 4=2×3 | 5=4÷6 | 7 | 8=6×7 |
| 甲 | 桑绢丝(色) | 44.57 | 95 | 40.11 | 30 | | 135 |
| 乙 | 桑丝(热色) | 5.37 | 78 | 4.19 | 3 | | |
| 丙 | 棉纱(色) | 43.80 | 95 | 41.61 | 31 | 平方米重 g/m² | 匹重 kg |
| 丁 | 人丝(色) | 20.78 | 97 | 20.16 | 15 | | |
| | 金属线 | 29.61 | | 29.61 | 21 | 9=8÷成品外幅 | 10=8×匹长 |
| | | | | | | | |
| 6.每米原料净重量(g/m) | | | | 135.68 | | 188 | 2.85 |

注：1.第6项指单项原料重量之和　2.第二项中凡桑蚕丝原料净用量填写时应扣除工艺缩率。

## 绸缎品种规格更改记录

| 日期 | 审批书编号 | 原规格项目与内容 | 更改原因及更改内容 |
|---|---|---|---|
| | | | 基本组织 甲四枚 乙平度. |
| | | | |
| | | | |
| | | | |
| | | | |
| | | | |
| | | | |
| | | | |
| | | | |
| | | | |
| | | | |
| | | | |
| | | | |
| | | | |
| | | | |
| | | | |

附录三

江苏绸缎品种规格档案资料（中兴源丝织厂 · 莲花库锦）

地区品名：96571

**1 2 3 4 5 6 7 8 9**

| | |
|---|---|
| 类　　别 | 锦棉亮光锦 |
| 统一品号 | |
| 地区品号 | 96571 |
| 品　　名 | 71/136 莲花库锦 |
| | |

# 江苏绸缎品种规格

# 档案资料

| | |
|---|---|
| 品　　名 | |
| 产地(厂) | 南京中兴源丝织厂 |
| 归档日期 | 年　月　日 |

江苏省丝绸公司

# 丝绸产品原料用量计算表

地区：　　　　　　　　　　　　84年2月20日

| 品号 | 96571 | 品名 | 莲花库锦 | 类别 | 锦棉亮光锦 |
|---|---|---|---|---|---|

**坯绸织造规格**

筘外幅(Cm)＝筘内幅 73 Cm＋边幅 0.6 Cm×2＝74.2　筘号 14.4　羽穿入 4 根

经密 72 根/Cm　纬密 42 根/Cm　总经根数＝内经 甲4208 乙1052 ＋边经 丙48 ×2＝甲4208 乙1052 丙96 根

| 基本组织 | 甲4枚 乙平变 | 梭箱 | 2×2 | 针综数 | 1080片 | 应用织机类别 | | | |
|---|---|---|---|---|---|---|---|---|---|
| | | 轴数 | 2 | | 2片 | 一般素机 | 多臂机 | 提花机 ✓ | 绒机 |

| 经线组合 | | | | | 纬线组织 | | | |
|---|---|---|---|---|---|---|---|---|
| 甲 | 1/20D 尼龙 8T/S 色 | 4208 | 根 | | 甲 | 21S 色棉纱 | 21 | 根 |
| 乙 | (1/20/22D 桑丝 8T/S×2) 6T/S 熟色 | 1052 | 根 | | 乙 | 120D 色人丝＋171D 金皮 | 21 | 根 |
| 丙 | 210D/2 锦纶 色 | 96 | 根 | | 丙 | | | 根 |

**织缩率%**

| 经别 | 原料条分(D) 经 | 原料条分(D) 纬 | 纬密 根/Cm | 基本组织系数 | 经纬原料不等差率 | 增加率 | 织缩率(%) |
|---|---|---|---|---|---|---|---|
| 甲 | 乙 | 丙 | 1 | 2 | 3 | 4 | 5＝1×2×[1＋(3)＋(4)] |
| 甲 | 70 | 253 | 42 | 1873 | 4.8 | | 8.24 |
| 乙 | 42 | 120 171 / 平均 272 | | 2120 | 11 | | 9.88 |
| 丙 | | | | | | | |

**坯绸原料用量及成本**

| 经线别 | 坯绸长度 | 总经根数 | 1+织缩率 | 1+拈缩率 | 1-浆伸率 | 1+工艺缩率 | 并合 | 经线长度(取6位) | 条分(D) | 经线净用量 | 1+回丝率 | 经线用量kg | 经线原料成本 单价 | 经线原料成本 金额 |
|---|---|---|---|---|---|---|---|---|---|---|---|---|---|---|
| | 1 | 2 | 3 | 4 | 5 | 6 | 7 | 8＝1×…×7 | 9 | $10\times\frac{8\times9}{900万}$ | 11 | 12＝10×11 | 13 | 14＝12×13 |
| 甲 | 100 | 4208 | 108.24 | 101.02 | | 109 | 1 | 501531 | 70 | 3.90 | 101.52 | 3.96 | | |
| 乙 | 100 | 1052 | 109.88 | 108.86 | | 101 | 2 | 235507 | 21 | 0.550 | 101.39 | 0.558 | | |
| 丙 | 100 | 96 | 108.24 | | | 101 | 1 | 104950 | 86 | 0.100 | 101.23 | 0.102 | | |
| 丁 | 100 | | | | | | | | | | | | | |

| 纬线别 | 坯绸长度 | 纬密 根/Cm | 筘外幅 | 1+拈缩率 | 1+工艺缩率 | 并合 | 纬线长度(取6位) | 条分(D) | 纬线净用量 | 1+回丝率 | 纬线用量kg | 纬线原料成本 单价 | 纬线原料成本 金额 |
|---|---|---|---|---|---|---|---|---|---|---|---|---|---|
| | 1 | 2 | 3 | 4 | 5 | 6 | 7＝1×…×7 | 8 | $9\times\frac{7\times8}{900万}$ | 10 | 11＝9×10 | 12 | 13＝11×12 |
| 甲 | 100 | 21 | 74.2 | | 101 | 1 | 157378 | 253 | 4.024 | 101.75 | 4.50 | | |
| 乙 | 100 | 21 | 74.2 | | 101 | 1 | 157378 | 120 | 2.098 | 101.64 | 2.13 | | |
| 丙 | 100 | 21 | 74.2 | | | 1 | 155820 | 171 | 2.961 | 101.75 | 3.013 | | |
| 丁 | 100 | | | | | | | | | | | | |

| 原料成本小计 | |
|---|---|
| 减下脚价值 | 0.30 |
| 百米原料成本 | |

编制单位＿＿＿＿＿＿　计算＿＿＿＿＿＿

审核单位＿＿＿＿＿＿　复核＿＿＿＿＿＿

## 江苏省绸缎品种统一规格单

年　月　日

| | | | |
|---|---|---|---|
| 统一品号 | | 地区品号 96521 | 品名 71/136 莲花库锦 |
| 成品规格 | | 织造规格 | |
| 外幅 | 72 Cm | 钢筘 | 内幅 73 Cm＋边幅 0.6 ×2＝外幅 74.2 Cm，筘号 14.4 穿入 4/1 |
| 内幅 | 71 Cm | | 内筘齿数 1052＋边筘齿数 6 ×2＝总筘齿数 1064 边筘号 10 |
| 经密 | 74.1 根/Cm | 经线数 | 甲经 4208 根＋边经 丙 48 ×2＝总经线数 甲 4208 乙 1052 丙 96 根 |
| 纬密 | 42 根/Cm | | 乙经 1052 根　丙经　根 |
| 匹长 | 21 m | 经线组合 | 甲 1/40D 尼龙 6T/S 色 ／ 原料定量 39.6 g/m |
| 匹重 | 2.86 kg | | 乙 (1/20/22D 桑蚕丝 8T/S×2) 6T/Z 熟色 ／ 5.58 g/m |
| 平方米重 188 克合 | ‰ | | 丙 边线：210N/2 色涤丝 ／ 1.02 g/m |
| 基本组织 | 1/3 斜 | 纬线组合 | 甲 21S 色棉纱 ／ 45.00 g/m |
| | | | 乙 120D 色人丝＋171D 金皮 ／ 21.3 g/m |
| 原料含量 | 尼龙 29 % | | 丙 ／ 金银 30.13 g/m |
| | 桑丝 3 % | 工艺流程 经 | 甲 原料—络丝—捻丝—定型—成绞—染色—翻丝—整经—穿道 |
| | 涤丝 1 % | | 乙 挑剔—浸渍—络丝—捻丝—并丝—捻丝—定型—成绞—染色—络丝—整经—穿道 |
| | 棉纱 31 % | 工艺流程 纬 | 甲 原料—染色—络丝—卷纬—穿道 |
| | 人丝 15 % | | 乙 人丝—染色—络丝 → 并丝—卷纬—穿道 |
| | 金属线 21 % | | 金皮 |
| 坯绸规格 | | 织机装造 | 纹针 1080 针 单巴吊 4 花；投梭顺序 甲 乙 |
| 外幅 | 72 Cm | | 综片 2 片梭箱 2-2 经轴 2-1-2；边组织 二间四枚斜 |
| 内幅 | 71 Cm | 边经穿法 | 大边 2 根/综 4 综/齿共 5 齿×2，小边 8 根/综 1 综/齿共 1 齿×2 |
| 纬密 | 42 根/Cm | 后处理 | 无 ／ 备注 |
| 匹长 | 21 m | | |

绸　样

基　本　组　织　图

## 绸缎品种成品重量计算

| 原料名称 | | 原料净用量 | 炼折（%） | 每米单项原料重量（g/m） | 原料含量（%） | 1±染整长度缩率（%） | 成品每米重（g/m） |
|---|---|---|---|---|---|---|---|
| 1 | | 2 | 3 | 4=2×3 | 5=4÷6 | 7 | 8=6×7 |
| 甲 | 尼龙 | 39.00 | 100 | 39.00 | 29 | | 136 |
| 乙 | 桑蚕丝 | 5.45 | 78 | 4.25 | 3 | | |
| 丙 | 绡丝 | 1.00 | 95 | 0.95 | 1 | 平方米重 g/m² | 匹重 kg |
| 丁 | 人丝 | 20.98 | 97 | 20.35 | 15 | | |
| | 金属线 | 29.61 | 100 | 29.61 | 21 | 9=8+成品外幅 | 10=8×匹长 |
| | 棉纱 | 44.24 | 95 | 42.03 | 31 | 188 | 2.86 |
| 6.每米原料净重量（g/m） | | | | 136.19 | | | |

注：1.第6项指单项原料重量之和 2.第二项中凡桑蚕丝原料净用量填写时应扣除工艺缩率。

## 绸缎品种规格更改记录

| 日期 | 审批书编号 | 原规格项目与内容 | 更改原因及更改内容 |
|---|---|---|---|
| | | | |
| | | | |
| | | | |
| | | | |
| | | | |
| | | | |
| | | | |
| | | | |
| | | | |
| | | | |
| | | | |
| | | | |
| | | | |
| | | | |
| | | | |
| | | | |
| | | | |

附录四

江苏绸缎品种规格档案资料（中兴源丝织厂·织锦缎）

统一品号：62401

1 2 3 4 5 6 7 8 9

| | |
|---|---|
| 类　　别 | |
| 统一品号 | 62401 |
| 地区品号 | |
| 品　　名 | 73/142 织锦缎 |
| | |

# 江苏绸缎品种规格

# 档案资料

| | |
|---|---|
| 品　　名 | |
| 产地（厂） | 南京中兴源丝织厂 |
| 归档日期 | 84 年 6 月　　日 |

江苏省丝绸公司

# 丝绸产品原料用量计算表

地区：　　　　　　　　　　　　　　　　　　84年5月　　日

| 品号 | 62401 | 品名 | 织锦缎 | 类别 | |
|---|---|---|---|---|---|

**坯绸织造规格**

| | | | | | | | |
|---|---|---|---|---|---|---|---|
| 筘外幅(Cm)＝筘内幅 75 Cm＋边幅 1 Cm×2＝77 | | | | | 筘号 32 | 羽穿入 4 根 | |
| 经密 128 根/Cm | 纬密 102 根/Cm | 总经根数＝内经 9600＋边经 144×2＝9888 根 | | | | | |
| 基本组织 | 八枚缎 | 梭箱 | 2×2 | 针数 | 1200 片 | 应用织机类别 | |
| | | 轴数 | 1 | 综 | | 一般素机 / 多臂机 / 提花机✓ / 绒机 | |

| 经线组合 | | | 纬线组织 | | | |
|---|---|---|---|---|---|---|
| 甲 | (20/22D桑蚕丝8T/s×2)6T/z熟色 9888 | 根 | 甲 | 1/120D 有光色人丝 | 34 | 根 |
| 乙 | | 根 | 乙 | 1/120D 有光色人丝 | 34 | 根 |
| 丙 | | 根 | 丙 | 1/120D 有光色人丝 | 34 | 根 |

**织缩率%**

| 经别 | 原料条分(D) 经 | 原料条分(D) 纬 | 纬密 根/Cm | 基本组织系数 | 经纬原料不等差率 | 增加率 | 织缩率(%) |
|---|---|---|---|---|---|---|---|
| 甲 | 乙 | 丙 | 1 | 2 | 3 | 4 | 5＝1×2×[1＋(3)＋(4)] |
| 甲 | 42 | 120 | 102 | 810 | 4 | | 8.59 |
| 乙 | | | | | | | |
| 丙 | | | | | | | |

**坯绸原料用量及成本**

| 经线别 | 坯绸长度 | 总经根数 | 1+织缩率 | 1+拈缩率 | 1-浆伸率 | 1＋工艺缩率 | 并合 | 经线长度(取6位) | 条分(D) | 经线净用量 | 1+回丝率 | 经线用量kg | 经线原料成本 单价 | 经线原料成本 金额 |
|---|---|---|---|---|---|---|---|---|---|---|---|---|---|---|
| | 1 | 2 | 3 | 4 | 5 | 6 | 7 | 8＝1×…×7 | 9 | $10\times\frac{8\times9}{900万}$ | 11 | 12＝10×11 | 13 | 14＝12×13 |
| 甲 | 100 | 9888 | 108.59 | 100.86 | | 101 | 2 | 218760 | 21 | 5.104 | 101.39 | 5.175 | | |
| 乙 | 100 | | | | | | | | | | | | | |
| 丙 | 100 | | | | | | | | | | | | | |
| 丁 | 100 | | | | | | | | | | | | | |

| 纬线别 | 坯绸长度 | 纬密根/Cm | 筘外幅 | 1+拈缩率 | 1＋工艺缩率 | 并合 | 纬线长度(取6位) | 条分(D) | 纬线净用量 | 1+回丝率 | 纬线用量kg | 纬线原料成本 单价 | 纬线原料成本 金额 |
|---|---|---|---|---|---|---|---|---|---|---|---|---|---|
| | 1 | 2 | 3 | 4 | 5 | 6 | 7＝1×…×7 | 8 | $9\times\frac{7\times8}{900万}$ | 10 | 11＝9×10 | 12 | 13＝11×12 |
| 甲 | 100 | 102 | 77 | | 101 | 1 | 793254 | 120 | 10.577 | 101.64 | 10.75 | | |
| 乙 | 100 | | | | | | | | | | | | |
| 丙 | 100 | | | | | | | | | | | | |
| 丁 | 100 | | | | | | | | | | | | |

| 原料成本小计 | |
|---|---|
| 减下脚价值 | 0.30 |
| 百米原料成本 | |

编制单位＿＿＿＿＿＿　　计算＿＿＿＿＿＿

审核单位＿＿＿＿＿＿　　复核＿＿＿＿＿＿

## 江苏省绸缎品种统一规格单

84年5月 日

| | | | | | |
|---|---|---|---|---|---|
| 统一品号 | 62401 | 地区品号 | | 品名73/142 | 织锦缎 |

| 成品规格 | | | 织造规格 | | |
|---|---|---|---|---|---|
| 外幅 | 75 Cm | 钢筘 | 内幅 75 Cm＋边幅 1 ×2＝外幅 77 Cm，筘号 32 穿入 4 | | |
| 内幅 | 73 Cm | | 内筘齿数 2400＋边筘齿数 23 ×2＝总筘齿数 2446 边筘号 23 | | |
| 经密 | 131.5 根/Cm | 经线数 | 甲经 9600 根＋边经 144 ×2＝总经线数 9888 根 | | |
| 纬密 | 102 根/Cm | | 乙经 根 丙经 根 | | |
| 匹长 | 30.25 m | 经线组合 | 甲（1/20/22D 桑蚕丝 8T/S ×2）6T/S 熟色 | 原料定量 | 51.75 g/m |
| 匹重 | 4.3 kg | | 乙 | | g/m |
| 平方米重 | 189 克合 m/m | | 丙 | | g/m |
| 基本组织 | 八枚缎 | 纬线组合 | 甲 1/120D 有光色人丝 | | g/m |
| | | | 乙 1/120D 有光色人丝 | | 107.5 g/m |
| | | | 丙 1/120D 有光色人丝 | | g/m |
| 原料含量 | % | 工艺流程 经 | 挑剔—络丝—捻丝—并丝—捻丝—定型—摇绞—练染—络丝—整经—织造 | | |
| | 桑蚕丝 28 % | | | | |
| | % | 工艺流程 纬 | 甲 成绞—染色—络丝—卷纬—织造 | | |
| | 人丝 72 % | | 乙 〃 〃 | | |
| | % | | 丙 〃 〃 | | |
| | % | | | | |

| 坯绸规格 | | | | | |
|---|---|---|---|---|---|
| | | 织机装造 | 纹针 1200 针 22 巴吊 4 花 | 投梭顺序 | 乙甲丙 |
| 外幅 | 75 Cm | | 综片 片梭箱 2×2 经轴 1 | 边组织 | 缎 纹 |
| 内幅 | 73 Cm | 边经穿法 | 大边 1 根/综 6 综/齿共 22 齿×2，小边 6 根/综 2 综/齿共 1 齿×2 | | |
| 纬密 | 102 根/Cm | 后处理 | 熟织 | 备注 | |
| 匹长 | 30.25 m | | | | |

| | |
|---|---|
| 绸样 | 基本组织图 |

## 绸缎品种成品重量计算

| 原料名称 | | 原料净用量 | 炼折（%） | 每米单项原料重量（g/m） | 原料含量（%） | 1±染整长度缩率（%） | 成品每米重（g/m） |
|---|---|---|---|---|---|---|---|
| 1 | | 2 | 3 | 4=2×3 | 5=4÷6 | 7 | 8=6×7 |
| 甲 | 桑蚕丝 | 50.53 | 78 | 39.41 | 28 | | 142 |
| 乙 | 人丝 | 105.77 | 97 | 102.60 | 72 | | |
| 丙 | | | | | | 平方米重 g/m² | 匹重 kg |
| 丁 | | | | | | 9=8+成品外幅 | 10=8×匹长 |
| | | | | | | 189 | 4.30 |
| 6.每米原料净重量（g/m） | | | | 142.01 | | | |

注：1.第6项指单项原料重量之和 2.第二项中凡桑蚕丝原料净用量填写时应扣除工艺缩率。

## 绸缎品种规格更改记录

| 日期 | 审批书编号 | 原规格项目与内容 | 更改原因及更改内容 |
|---|---|---|---|
| | | | |
| | | | |
| | | | |
| | | | |
| | | | |
| | | | |
| | | | |
| | | | |
| | | | |
| | | | |
| | | | |
| | | | |
| | | | |
| | | | |

附录五

真丝经编绸工艺设计档案

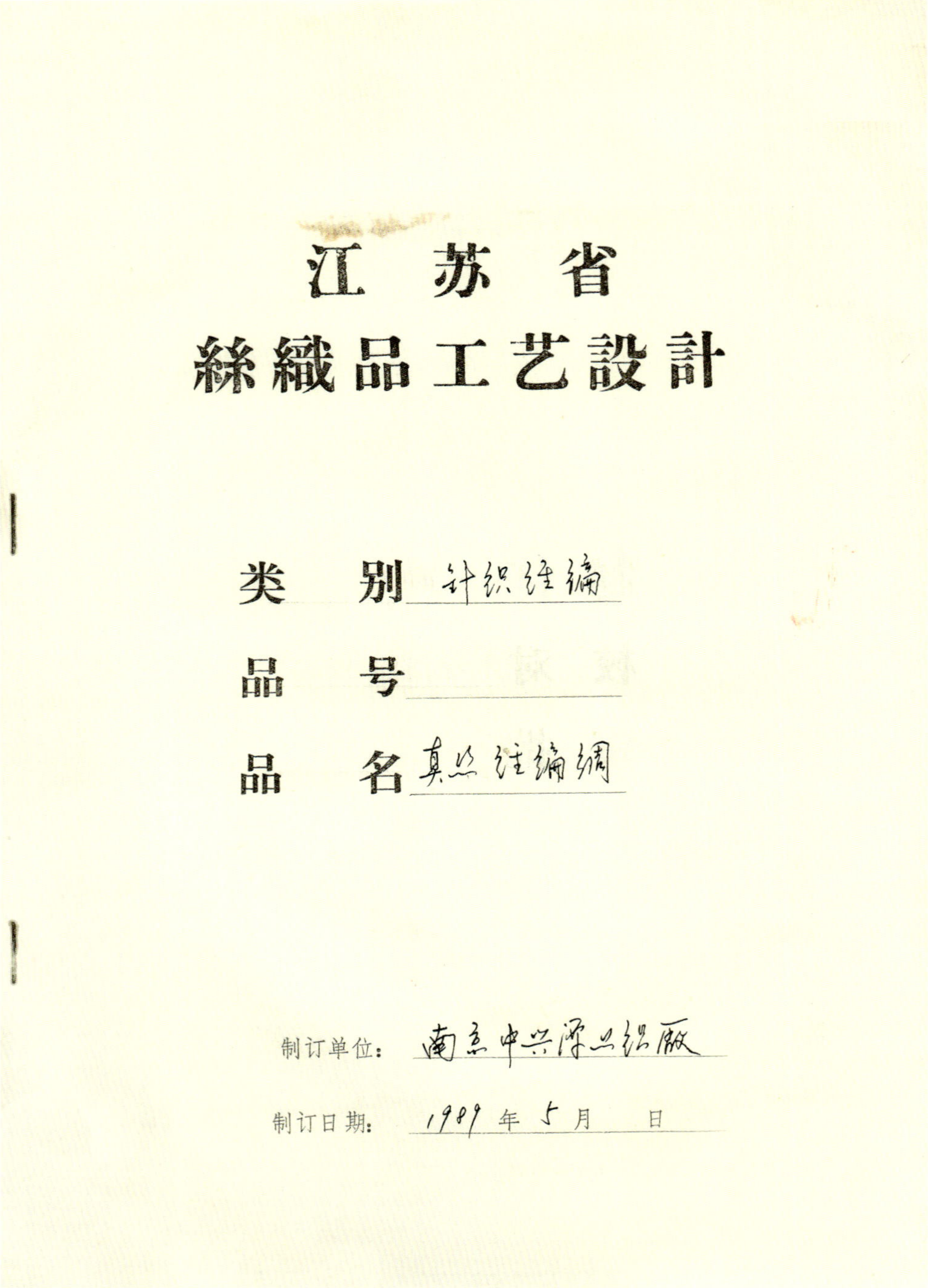

江 苏 省

絲織品工艺設計

类　别　针织经编

品　号

品　名　真丝经编绸

制订单位：南京中兴源丝织厂

制订日期：1989年5月　日

# 真丝、人丝、合纤原料检验

品号

品名______

| 原料用途 / 检验项 | 真丝针织纬编 | | |
|---|---|---|---|
| 1.原料名称及产地 | 20/22D 溧水洪兰 | | |
| 2.卷装形式 | 绞装 | | |
| 3.纤度(但尼尔或支数) | 21.09D | | |
| 4.匀度 | | | |
| 5.清洁 | 99.4 | | |
| 6.洁净 | 95.2 | | |
| 7.纤度偏差　最大　最小 | 最大3.1 平均1 | | |
| 8.纤度不匀率　% | | | |
| 9.捻度及捻向　捻/米 | | | |
| 10.捻度不匀率　% | | | |
| 11.强力　克/但尼尔 | 3.83 | | |
| 12.强力不匀率　% | | | |
| 13.伸长　% | 19.8 | | |
| 14.伸长不匀率　% | | | |
| 15.抱合力　次 | 106 | | |
| 16.色泽 | | | |
| 17.单纤维根数 | | | |
| 18.纤维根数偏差 | | | |
| 19.吸色情况 | | | |
| 20.回潮率　% | | | |
| 21.缩水率　% | | | |
| 22.沸水率　% | | | |
| 23.弹性率　% | | | |
| 等级 | 4A | | |

注意事项：蚕丝原料宜选用春茧立缫丝，等级不宜低于4A级

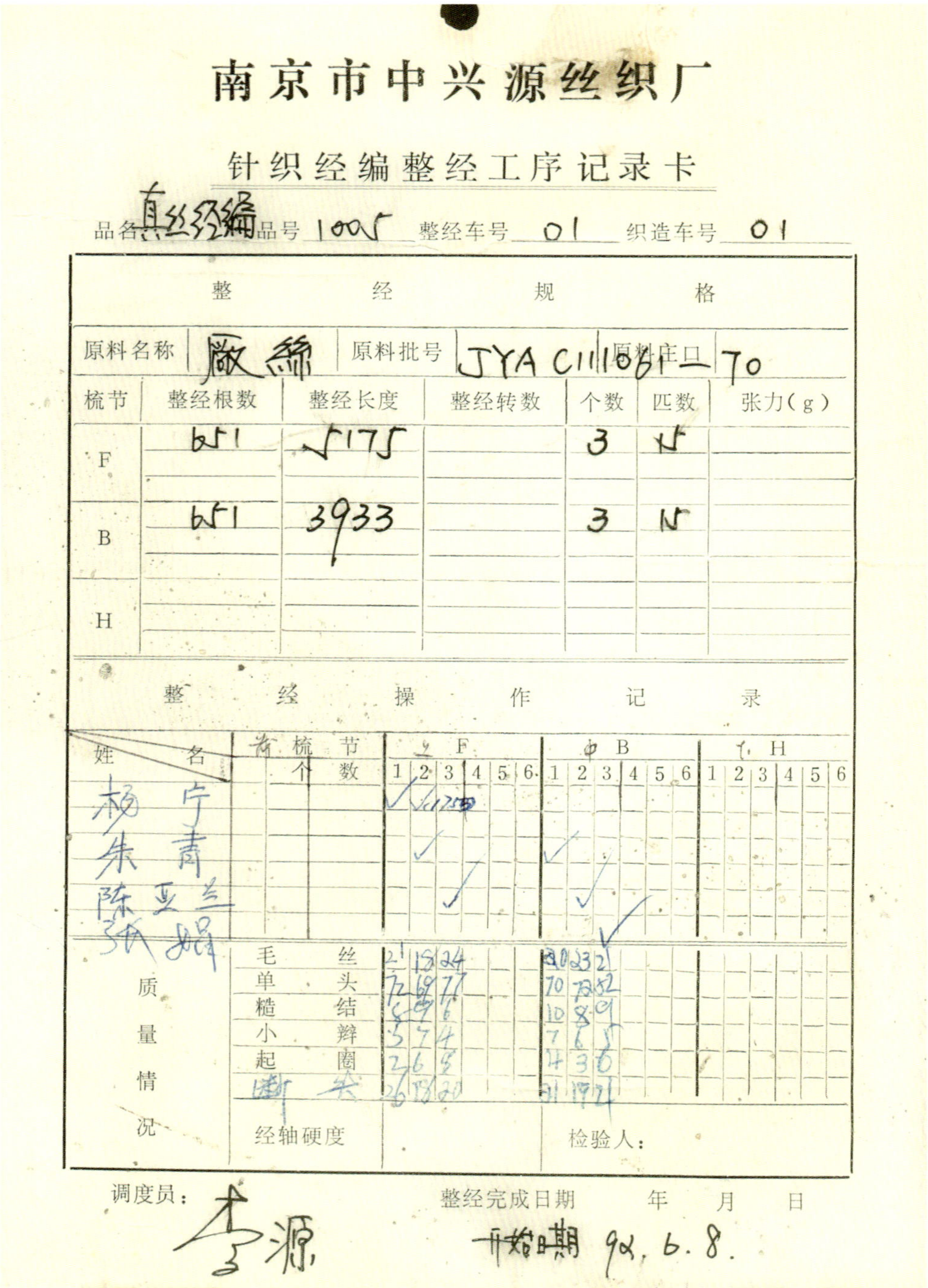

# 南京市中兴源丝织厂

## 针织经编整经工序记录卡

品名 真丝经编 品号 1005 整经车号 01 织造车号 01

整经规格

原料名称 厂丝 原料批号 JYA C11108 原料庄口 70

| 梳节 | 整经根数 | 整经长度 | 整经转数 | 个数 | 匹数 | 张力（g） |
|---|---|---|---|---|---|---|
| F | 651 | 5175 | | 3 | 15 | |
| B | 651 | 3933 | | 3 | 15 | |
| H | | | | | | |

整经操作记录

姓名：杨宁 朱青 陈亚兰 张娟

| 质量情况 | F1 | F2 | F3 | B1 | B2 | B3 |
|---|---|---|---|---|---|---|
| 毛丝 | 2 | 18 | 24 | 30 | 23 | 21 |
| 单头 | 72 | 18 | 77 | 70 | 72 | 52 |
| 糙结 | 8 | 9 | 6 | 10 | 8 | 9 |
| 小辫 | 5 | 7 | 4 | 7 | 6 | 5 |
| 起圈 | 2 | 6 | 8 | 4 | 3 | 6 |
| 断头 | 26 | 13 | 20 | 31 | 17 | 21 |

经轴硬度 检验人：

调度员：李源 整经完成日期 年 月 日

开始日期 92.6.8.

附录六

南京中兴源丝织厂工艺设备管理方针目标展开图

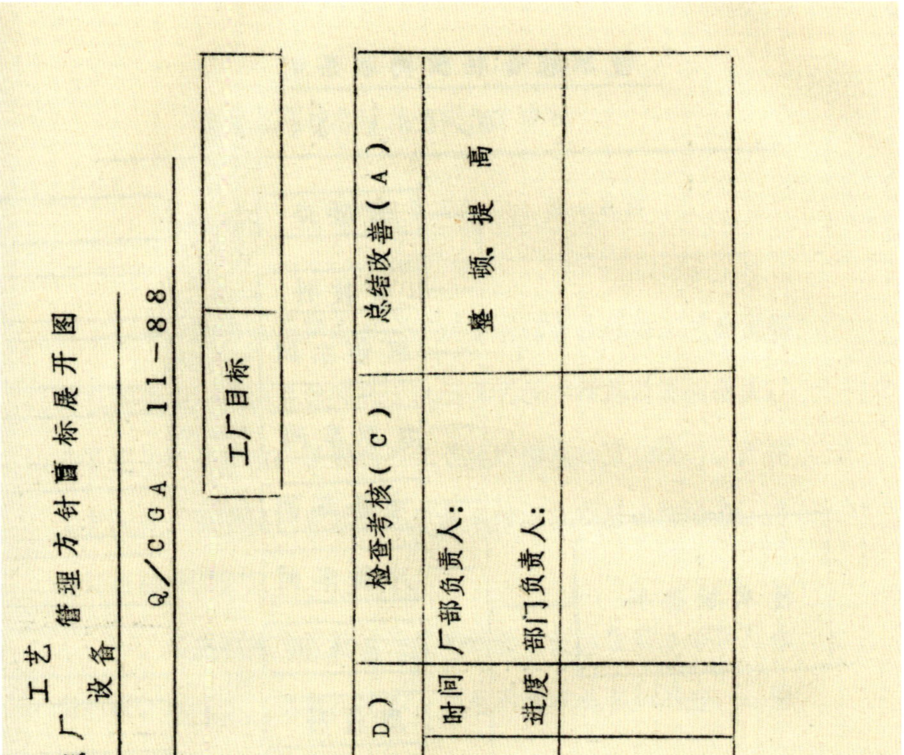

南京中兴源丝织厂工艺/设备管理方针目标展开图

Q／CGA　11－88

| 工厂方针 | | 工厂目标 | |
|---|---|---|---|

| 目标分解（P） | | | | 目标实施（D） | | 检查考核（C） | 总结改善（A） |
|---|---|---|---|---|---|---|---|
| 类别 | 序号 | 项目<br>目标值 | 现状或<br>问题点 | 实施项目或措施 | 时间<br>进度 | 厂部负责人：<br>部门负责人： | 整顿、提高 |
| | | | | | | | |

～126～

附录七

南京中兴源丝织厂技术设备科横向联系图

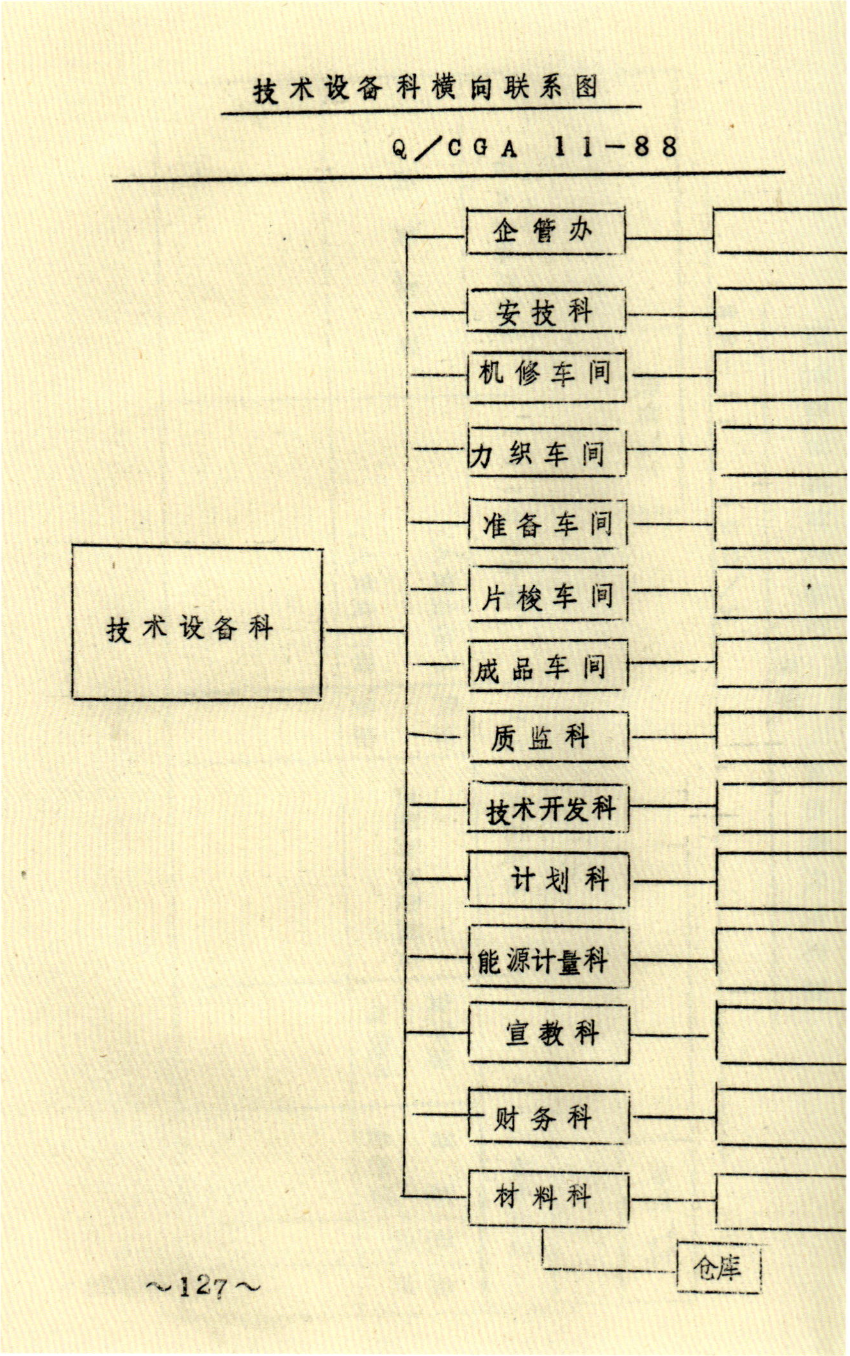

附录八
南京中兴源丝织厂车间工艺管理制度

# 车间工艺管理制度

Q／CGA 4·16－88

## 一、前　　言

工艺是完成一个产品的制造加工过程中。所采取的方法。是把企业的各项技术工作组织起来的核心。

我们生产每一个产品要在质量上符合规定要求。在产量上完成厂部下达的生产计划，在经济上取得最佳的效益。

工艺管理工作，是一个企业提高产品质量，降低成本，增加经济效益的一项重要技术管理的基础工作，工艺设计规定，是紧紧围绕生产，确保提高质量，降低原材料消耗，增加企业的盈利。同时给职工的生产操作提供最可靠的依据，因此。各车间分管工艺主任工艺管理员，要根据本车间具体生产品种情况和工艺要求。负责组织学习和教育及检查工作，这项工作要经常不断的进行，贯彻始终使每个职工都严格贯彻执行，使工艺管理制度和有关技术措施得到一一落实。

## 二、工艺设计

1、工艺设计工作。应在总工程师（或技术副厂长）统一领导

～52～

Q/CGA 4·16－88

下。由技术部门具体负责。经过研究或试验。会同有关车间部门统一制定工艺标准和技术措施。下达到有关车间和部门。

2、车间和班组要根据技术部门产品工艺设计单和技术措施，由车间工艺员负责及时下达到工序班（组）。并做好产品工艺设计单保管存档工作。以便查对核实。

3、车间工艺员负责填写各道工序的车头工艺卡片。并根据品种纬密、车速、测算纬密牙和马达头。数据提供机动设设备部门做好备件。协助调度开整经工艺单。

4、车间工艺员有责任，对技术部门下达的工艺计划单进行核实。如发现工艺设计单有异常地方。及时和工艺设计人员联系改进工作。预防设计工作失误。

5、车间工艺管理员，负责本车间所有工艺上车和有关技术措施，贯彻执行情况。按一定的比例，分级检查，每月汇总逐级上报，以便考核完成率。

6、工艺管理工作范围，是指：原料的使用，产品规格，工艺程序工艺条件、设各状况、浆料、染料、工艺参数和主要操作技术要点等等。

7、在生产过程中，由于生产条件的变动，指原料、染料

～53～

附录九

南京中兴源丝织厂半制品质量标准

# 半制品质量标准

Q/CGA　　3-88

## 目　　录



~21~

Q／CGA　　3－88



～22～

附录十

# K611 型织机安装标准

## K611 型织机按装标准

Q／CGA 12－88

---

㈠。机架部分：

1。底脚罗丝：按底脚图准确埋置底脚罗丝。

2。底脚板前后左右应水平。

3。机架前后水平 0·08/200（200 为水平长度）

4。机架左右水平 0·04/200

5。胸梁前后横档与墙板相应搭子平齐，底面与墙板靠实。

6。曲轴轴承底面与墙板靠实。

7。标准轴水平 0·03/200

8。曲轴在上心后 45°处自由落下，摆动四次以上。

9。直轴与曲轴中心距 264＋0·8。

10。直轴与曲轴中心偏差 30±1，轴承底面与墙板靠实

11。摇轴套上筘座脚 45°自由落下，直轴中心与摇轴中心 630mm。

12。摇轴横动＜0·2mm，两端露出等长，曲轴、直轴横动＜0·5mm。

～144～

Q／CGA 12-8 8

13、摇轴和摇摆轴必须水平，且与直轴、曲轴平行

14、$39^T$～$78^T$搭牙平齐，回转灵活，无杂音。

15、分离机架与主墙板平行度两面相等。

㈡打纬部分：

1。牵手左右相等，四心灵活。

2。筘弧度3 mm K611—160为5 mm。

3。走梭弧度3 mm " 为5 mm。

4。筘夹角89° — 90°。

㈢投梭部分：

1。投梭时间工艺规定±2°

2。投梭轴中心与直轴中心距125mm。

3。投梭轴转动灵活，左右横动＜0·20mm。

4。投梭转子与投梭角接触良好，直轴中心与投梭转子肖中心35±5mm。

5。投梭棒运动时，左右不碰。

㈣、起动制动：

开关手柄推至开车位置时必须做到：

1。斜轮的皮带轮两齿合，摩擦力必须适当，既

～145～

附录十一
丝织企业保全保养工“应知”技术标准学习参考资料（力织）

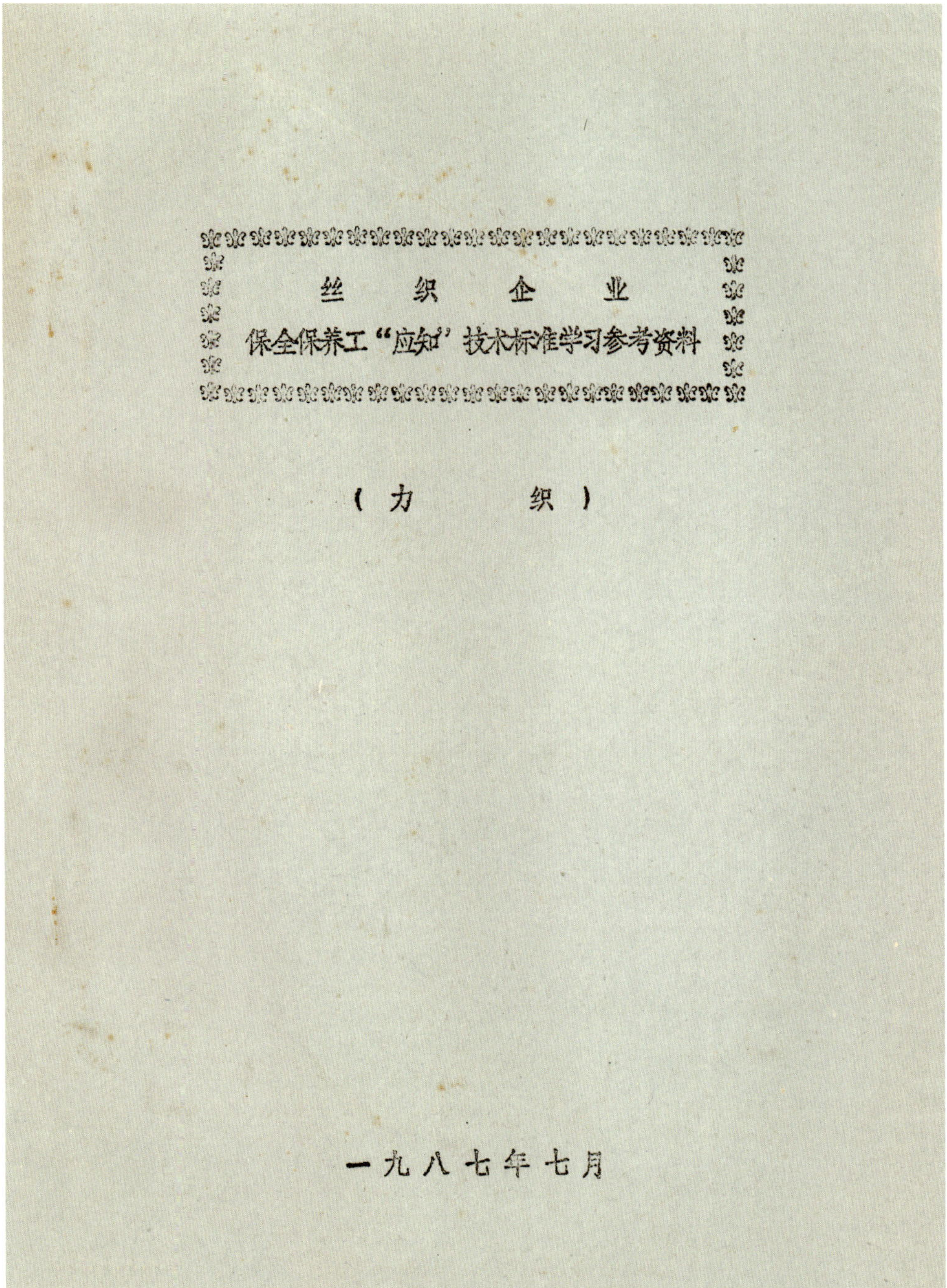
丝 织 企 业
保全保养工“应知”技术标准学习参考资料

（力 织）

一九八七年七月

说　明

为便于保全、保养工学习掌握有关技术知识，根据中纺部1979年颁布的丝织企业工人技术标准，我们汇编了这份资料，供工人同志们自学时作辅导参考用。但由于篇幅和我们的水平有限，有些内容未能收集整理进去，错误之处在所难免，欢迎提出宝贵意见，以便修改订正。

编者

1987年7月

～1～

一、丝织机有哪几种主要型号和规格主要组成部分的作用

有 K611—110 K611—145 K611—160 K641—110 K251—110 K251—145 K251—160。

主要由五个机构组成：

开口机构——控制经丝按一定规律作上下交替运动形梭口

投梭机构——传动梭子，把纬丝纳入张开的梭口中。

打纬机构——把已纳入梭口的纬丝打向织口与经丝交织。

送经机构——随着织物的形成和引离，把经轴上的经丝按一定的张力和长度放送出来。

卷取机构——把形成的织物按一定的速度从织口区域引开并卷绕起来。

二、五轴轴承的磨灭限度。

大修限度：曲轴轴承，直轴轴承均为0.2毫米。

侧轴轴承，摇轴轴承，卷取轴轴承均为0.3毫米。

小修限度：曲轴轴承、直轴轴承均为0.3毫米。

侧轴轴承，侧轴轴承、卷取轴轴承均为0.3毫米。

完好限度：曲轴轴承，直轴轴承，卷取轴轴承均为0.6毫米。

侧轴轴承，摇轴轴承均为0.7毫米。

三、力织档车操作应掌握的原则。

按力织档车操作规程规定应掌握的原则是要做到四个性、三个结合，六个字。

四个性：主动性、计划性、灵活性、整体性。

～2～

附录十二

丝织企业保全保养工“应知”技术标准学习参考资料（准备部分）

丝　织　企　业

保全保养工“应知”技术标准学习参考资料

（准　备　部　份）

一九八七年七月

# 准备保全保养“应知”学习参考资料

一、常用机物资料的名称：

1. 络（翻）丝：

a. 绷架：（钢丝、竹片两种）

b. 有边筒子：中三元、大三元（塑料、木质两种）

c. 篗子：（竹木制品）

d. 导丝器：导丝钢、磁山（分氧化铝、陶瓷两种），玻璃杆。

2. 并丝：

a. 钢针：有纯钢针丝和钢丝加纸袖两种。

b. 导丝器：有大、中、小耳形，瓷枕（分氧化铝和陶瓷两种）搪瓷卷、搪瓷钩、玻璃杆。

c. 有边筒子：中三元、大三元，（塑料、木质两种）

高脚筒子：大、中、小三种。（分塑料和木质两种）

3. 捻丝：

a. 衬锭：两脚、四脚两种重量不同。

b. 筒子：瓷筒，檀木筒子。

c. 有边筒子：大三元、中三元。（塑料、木质两种）

高脚筒子：大、中、小三种。（塑料、木质两种）

d. 导丝器：瓷叉、瓷山。（分陶瓷和氧化铝两种）

搪瓷钩：（分搪瓷、镀铬两种）兔子头、玻璃杆、镀铬杆。

4. 卷纬：

a. 纡管：（分木质和塑料两种）规格：15.5、17、19cm三种。

b. 成形套筒：（分牛角和尼龙两种）规格∅18、∅19、∅20三种。

c. 导丝器：瓷眼、有槽瓷眼、瓷筒（分陶瓷和氧化铝两种）

d. 过桥筒子：尼龙和玻璃杆制成。

5. 整经：

a. 屏风箝：分绞箝，定幅箝，保险箝。

b. 导丝器：瓷眼，（氧化铝和陶瓷两种），玻璃杆。

c. 衬经纸：衬子布，规格根据品种门幅而定。

d. 空经轴：规格因织机而配套。

e. 插针。

二、各种传动系统和结构，及一般计算：

1. 络丝机（K051型）

a. 传动机构：电动机皮带轮→车头传动轴皮带轮→一对伞齿轮→磨擦轮轴→锭子轮→锭子筒子。

b. 成形机构：磨擦轮轴尾端两对正齿轮（差微装置）→成形盘→转子活轮同摆杆一起使花纹杆往复摆动。

c. 另有：张力装置，清糙装置。

d. 计算：

~2~

附录十三

丝织企业保全保养工“应知”技术标准学习参考资料（通用）

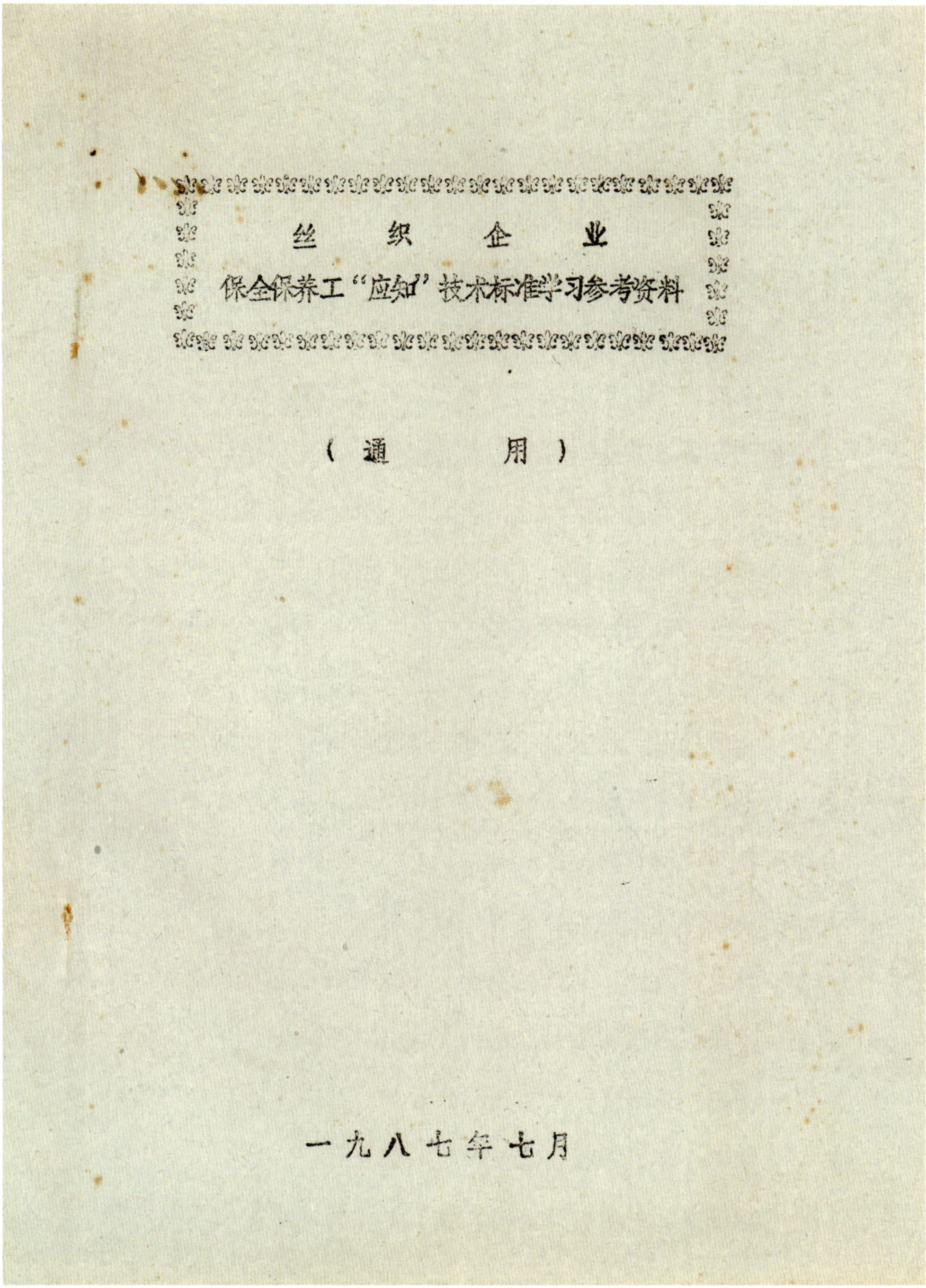

丝 织 企 业

保全保养工“应知”技术标准学习参考资料

（通 用）

一九八七年七月

# 目　　录

如何？

18. 正齿轮的计算方法是什么？

19. 试述形位公差和公差配合的意义及内容。

20. 斜齿园柱齿轮主要尺寸的计算公式有哪些？如何计算？

21. 园锥（伞型）齿轮如何计算？

22. 链轮的主要尺寸如何计算？

23. 温湿度对生产有什么影响？本工序温湿度的调整范围是多少？

24. 常用轴承的种类特点是什么？

## 附录十四
## 中兴源丝织厂丝绸样品

3

丝绸样品

品名：泡泡绸

总编号203

分类编号： 类 号

89年7月收集

原 料：两种不同缩率涤丝；密度：104×70/in 410×276/10cm

门 幅：116cm 重量：111g/m 96g/m²

另售价：10元/m 8·62元/m² 90元/kg

简 介：强拈与不加拈，或普通涤与高收缩涤，经纬都是8根8根相间排列，经染整即起泡。

丝绸样品

总编号205

分类编号：类 号

83年12月收集

品名： 古丽绸（森迪绸）

原料： 人丝×涤丝 密度：103×59/1n 405×231/10cm

门幅： 89cm 重量： 76.4g/m 86g/m²

零售价： 7.98元/m 8.97元/m² 104元/kg

组织： 白经黑纬，大提花13cm×15cm 古典图案、很特殊

简介： 做男女衬衫、很流行。

≈5≈

6

丝绸样品

总编号： 206

分类编号：类 号

83年12月收集

品名：印花涤乔

原料： 涤丝　　密度：163×59/in　　642×230/10cm

门幅： 114cm　重量：123g/m　　108g/m²

另售价：12.8元/m　11.23元/m²　104元/kg

印花工艺：花样尺寸30cm×20cm 1/2排列、网印、防印工艺

产　地：　台湾

≈6≈

丝绸样品

总编号：209
分类编号：　　类　　号
90年1月收集

品名：锦玉缎

原　料：锦丝×人丝　　密　度：227×82／in　　894×323／10Cm
门　幅：89Cm　　重　量：120g／m　　134g／m²
零售价：6.36元／m　　7.15元／m²　　53元／kg
组　织：黑经红纬，大提花菊花图案24Cm×25Cm
简　介：老品种，花型可多变，久销不衰，做棉袄面料，适用面广。

10

丝绸样品

品名：深花富春纺

总编号：210

分类编号：　　类　　号

90年1月收集

原　料：人丝×粘纤纱　密　度：110×63／in　433×247×10Cm

门　幅：112Cm　重　量：130g／m　146g／m²

另售价：6.35元／m　5.67元／m²　48.85元／kg

印　花：深色花样。33Cm×22.5Cm ½排列

简　介：印花富春纺，以91Cm幅浅色花为多，此样是112Cm幅的深色花。

12

丝绸样品

品名:印花朱丽纹

总编号：212
分类编号：　类　号
收集日期：90年1月

原　料：涤丝　　密　度：85×67/in　338×264/10cm
门　幅：111cm　重　量：96g/m　86·5g/m²
零售价：15·9元/m　14·33元/m²　165元/kg
组　织：底纹是平纹，面经浮长9根，呈缎面
印　花：单面印黄、兰、棕、绿、黑、浅黄6套色。花样尺寸
　　　40cm×15·6cm ½排列
评　价：花型新颖、色艳、光泽好、畅销。

丝绸样品

品名：晶香缎

总编号：215

分类编号：　类　号

收集日期：90年1月

原　料：涤丝×涤丝＋白人丝　　门　幅：118cm

密　度：213×135/in　　840×530/10cm

重　量：200g/m　　170g/m²

另售价：15·4元/m　　13元/m²　　77元/kg

织　造：经纱全黑，纬纱有灰、黄、白三色，用缎纹提成六种色块

简　介：设计新款，但配色不适销。

丝绸样品

品名：锦丽缎

总编号：2 1 7

分类编号：　　类　号

收集日期：9 0年1月

原　料：锦丝×人丝　　密　度：182×120/in　716×472/10㎝

门　幅：9 2㎝　　重　量：127g/m　138g/㎡

另售价：7·98元/m　8·67元/㎡　62·83元/kg

组　织：大提花23·6 ㎝ × 18·5 ㎝

简　介：低档产品，适合中年妇女做上衣面料。

19

丝绸样品

品名：晶花绸

总编号：219
分类编号： 类 号
收集日期：90年1月

原 料：锦丝　　密 度：101×101/in　400×400/10cm
门 幅：109cm　　重 量：77g/m　70·6g/m²
另售价：6·95元/m　6·38元/m²　90·26元/kg
组 织：小提花
简 介：色泽与光泽很好，适合中老年穿着。

丝绸样品

总编号：221

分类编号：　　类　号

品名：香兰绸

收集日期：90年1月

原　料：锦丝×人丝　密　度：175×84/in　690×330/10cm

门　幅：73 cm　重　量：53·8g/m　73·8g/m²

另售价：5·47元/m　7·49元/m²　101元/kg

组　织：大提花23cm×12cm

简　介：门幅太狭，影响销售

25

丝绸样品

品名：尼龙缎

总编号：225

分类编号　类　号

收集日期：90年2月

原　料：锦丝×人丝　　密度：197×119/in　775×468/10cm

门　幅：147cm　　重位：227g/m　154g/m²

另售价：8·96元/m　6·1元/m²　39·5元/kg

组　织：酱红经，大红纬，大提花19·5cm×18·3cm

简　介：是一只大众化的面料，此样门幅阔，是其特点。

丝绸样品

品名：金涤绸

总编号：227

分类编号　类　号

收集日期：90年2月

原　料：涤丝×人丝+金丝　密度：196×100/in　770×394/10cm

门　幅：94·5cm　重量：108g/m　114g/m²

另售价：11·7元/m　12·38元/m²　108元/kg

组　织：经白涤，纬用2根金黄人丝和2根金丝相间排列，

大提花28·5cm×18·5cm

简　介：色彩富丽，有立体感，价格适宜。

丝 绸 样 品

总编号：229

分类编号：　　类　号

品名 绒花缎

90年2月收集

原料：　锦丝×人丝　密度：290×160/in　1140×630/10cm

门幅：　91cm　重量：135g/m　148g/m²

另售价：14.2元/m　15.6元/m²　105元/kg

组织：　经是酱红色、纬是金丝、白人丝、米色人丝及白人丝各一根相间排列、大提花20.3cm×18.5cm

简介：　人丝之色、酷似银丝、提高身价。花纹细、有高贵感。

80

丝 绸 样 品

品名：织锦缎

总编号：230

分类编号：类 号

90年2月收集

原料：人丝　　密度：106×150/1n　420×594/10cm

门幅：92.5 cm　重量：200g/m　216g/m²

另售价：17.4元/m　18.8元/m²　87元/kg

组织：经是红色，纬是两色一白相间排列（分四段）、大提花梅兰竹、菊图案25.8cm×18cm、

简介：织锦缎花样繁多，此样较清秀、是其特点。

31

丝绸样品

品名：金丝织锦缎

总编号：231

分类编号　类　号

收集日期：90年2月

原　料：人丝×人丝+金丝　密　度：194×153/in　764×600/10cm

门　幅：91·5cm　重　量：200g/m　219g/m²

另售价：17·4元/m　19元/m²　87元/kg

组　织：经大红人丝，纬1根金丝和2根不同色的人丝相间排列，

（分4段）大提花梅兰竹菊团花图案33·5cm×18cm

简　介：织锦缎中用团花的不多，比较别致。

丝 绸 样 品

品名：锦丽缎

总绸号：2 3 4

分类绸号：　　类　号

收集日期：90年2月

原　料：锦丝×人丝　密　度：194×109/in　764×430/10cm

门　幅：92·5cm　重　量：127g/m　137g/m²

零售价：7·98元/m　8·63元/m²　62·8元/kg

组　织：大提花24cm×18·5cm

简　介：花型平淡

42

丝绸样品

品名：涤亚麻~~伞~~卡那（涤仿麻）

总编号：242

分类编号：　类　号

收集日期：90年3月

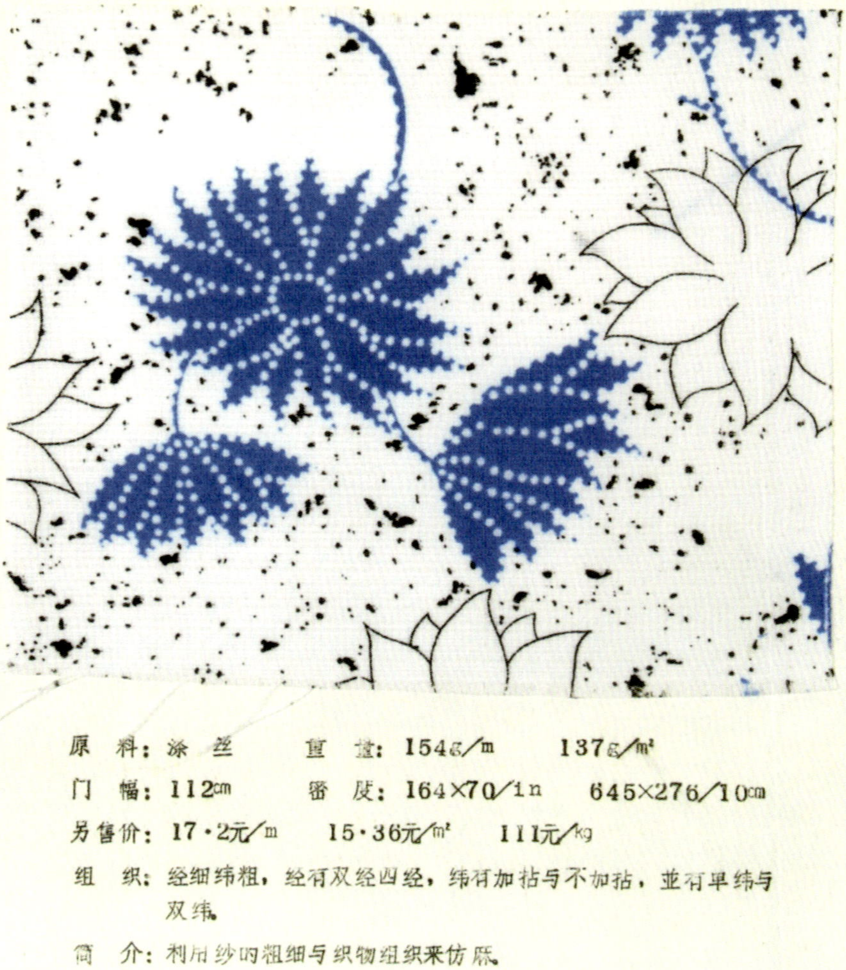

原　料：涤　丝　　重　量：154g/m　137g/m²

门　幅：112cm　　密　度：164×70/in　645×276/10cm

另售价：17·2元/m　15·36元/m²　111元/kg

组　织：经细纬粗，经有双经四经，纬有加拈与不加拈，并有单纬与双纬。

简　介：利用纱的粗细与织物组织来仿麻。

附录十五

新品种　庆祝建国十周年样本（上集）

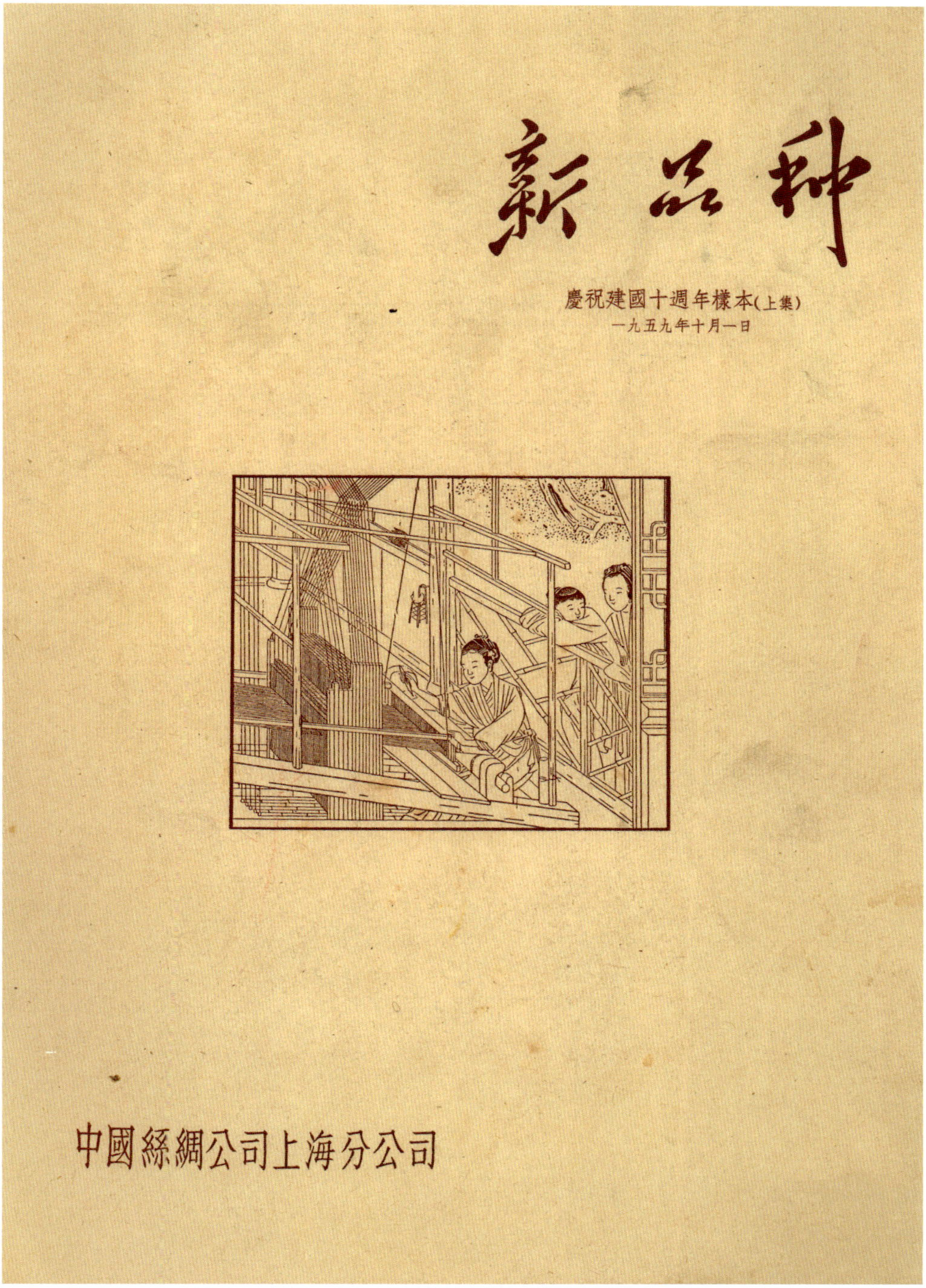

# 新品種索引

新品种

# 前　　言

解放十年来，在党的正确领导和总路綫光輝照耀下，絲綢事业迅速地从解放前的奄奄一息，經过恢复与发展，已經出現了蓬蓬勃勃的局面；在新品种、新花色的設計、織造、煉染、印花等方面，都已獲得了令人兴奮的輝煌成就。

随着絲綢事业的发展和和平外交政策的胜利，1959年仅上海口岸出口的綢緞数量卽将超过历史上全国最高年份的4.2倍，大大地加強了与近百个地区、国家人民的联系，体現了絲綢对外貿易为和平外交与为社会主义建設服务的目的性。由于我們的产品獲得了国外普遍好評和讚揚，使我国絲綢在世界市場上的光榮傳統更加声誉日上。

品种花色是綢緞的灵魂。十年来新品种、新花色的創造和傳統品种花色的継承。发揚正风起云湧，层出不窮；仅1958年一年中全国創造的新品种卽有1375只，新花色12390只。这些都遵循了黨所指出的設計、生产、貿易三結合的方針，充分地运用了我国傳統艺术和現代技术相結合，民族风格和外来特点相結合，革命現实主义和革命浪漫主义相結合，因而大大地启发了設計思想，丰富了創作内容，从而提高了設計水平和产品質量。从本期新品种扩大号所选擇的一部分品种也可以作为标誌，我們兴奮地用它来作为庆祝我們偉大祖国国庆十周年的獻礼。

絲綢事业和新品种、新花色工作上的光輝成就是党的总路綫照耀在絲綢事业上的成果，也是全体絲綢业技术人員、工人、美术家辛勤劳动的結晶；我們在欢欣鼓舞庆祝十年大庆的同时，也以无比愉快的心情向辛勤劳动于絲綢事业的同志們致以热烈祝賀。当然，进步无止境，要使我国絲綢事业全面达到並超过世界先进水平还有待进一步努力。我們相信：在党的領导下，全体絲綢戰綫上的同志們一定能在旣有成就的基础上，圍繞着党对紡織工业“四高”“四省”的方針，貫澈政治掛帥，进一步发动羣众，大搞技术革新和技术革命，再接再厲，奮勇前进！

中國絲綢公司上海分公司

1959年10月1日

新品种

336. 59—1276
生絲 42%
人絲 58%

— 4 —

337. 59-1285
生絲 40%
人絲 60%

338. 59-1334
生絲 100%

# 新品种

339.　59－1306

生　絲　16%
絹　絲　30%
双宫絲　40%
銀　皮　14%

340.　59－1224

人　　絲　32%
絹棉混紡　68%

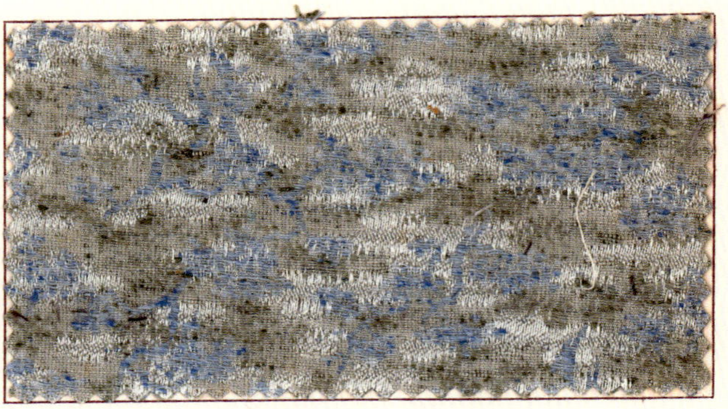

341.　59－1317

人　　絲　44%
絹　　絲　24%
絹棉混紡　32%

— 6 —

# 新品种

403. 58－2007
生絲 36%
人絲 64%

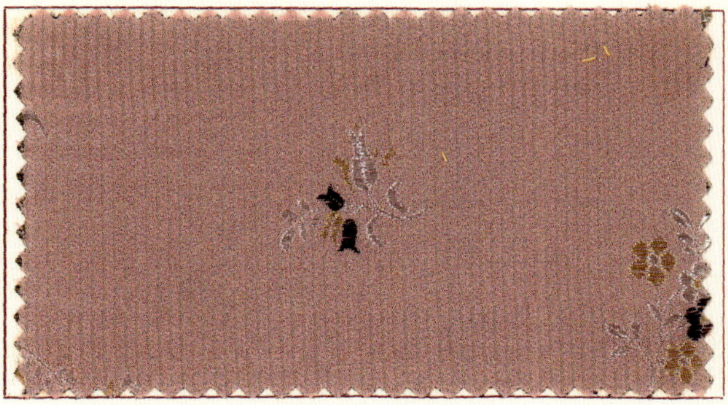

404. 58－2008
生絲 27%
人絲 73%

405. 58－2009
生絲 70%
人絲 30%

新品种

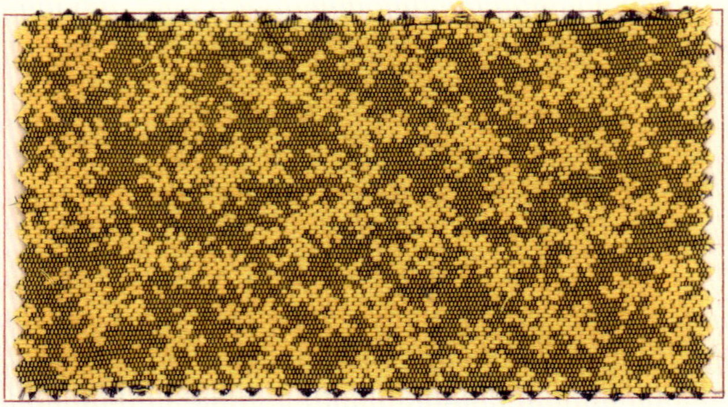

406. 59－2095
人絲 28%
人棉 72%

407. 59－2082
生絲 38%
人絲 62%

408. 59－2076
生絲 43%
人絲 57%

— 29 —

附录十六

新品种　庆祝建国十周年样本（中集）

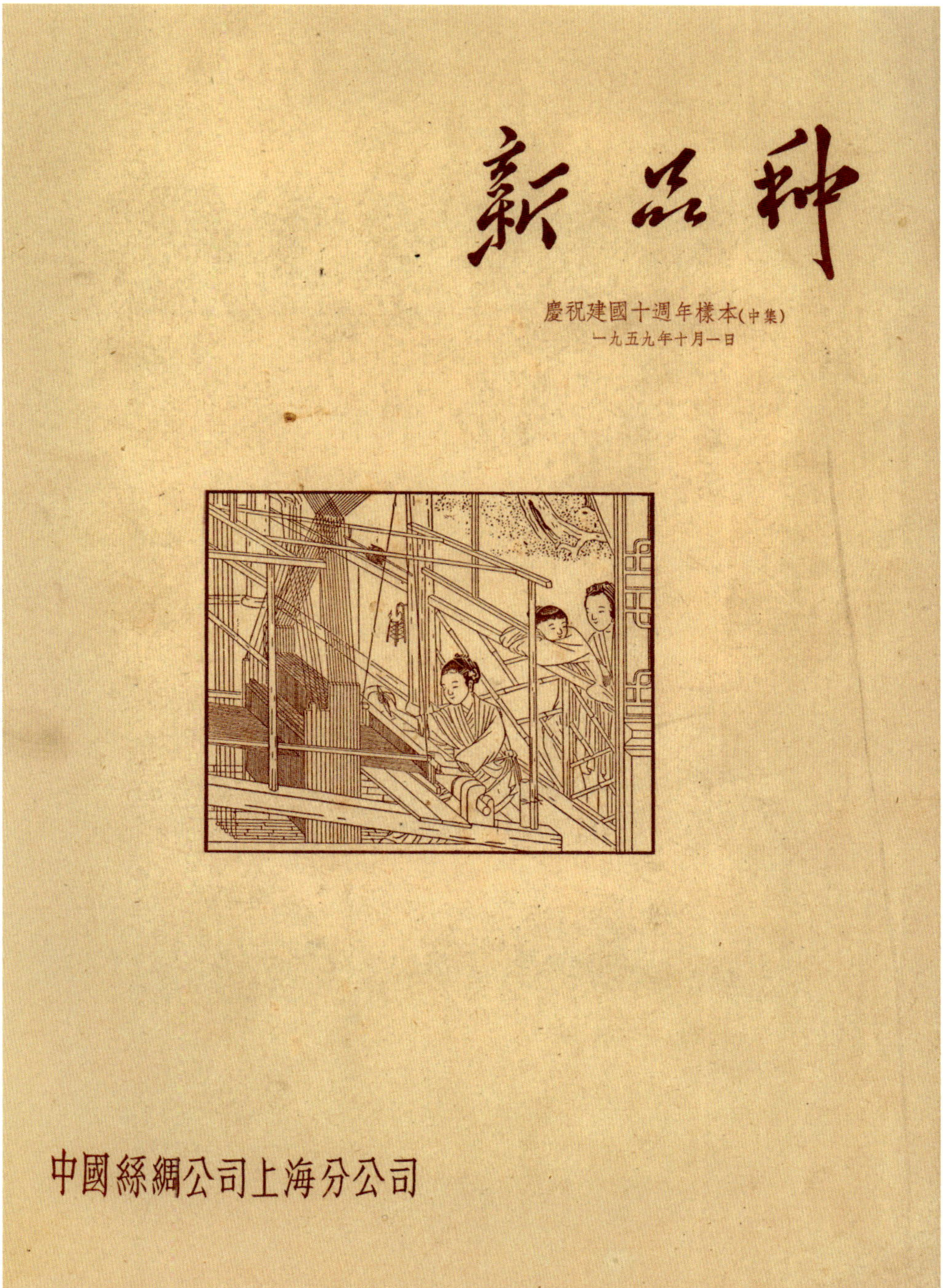
新品种

慶祝建國十週年樣本(中集)

一九五九年十月一日

中國絲綢公司上海分公司

新品种

# 服装用绸 包括絨类織物

上海产品

— 39 —

# 新品种

## 服装用綢 (上海产品)

| 序号 | 試样号 | 設計人 | | | 序号 | 試样号 | 設計人 | | |
|---|---|---|---|---|---|---|---|---|---|
| | | 組織 | 图案 | 意匠 | | | 組織 | 图案 | 意匠 |
| 427 | 59-3192 | 金傳彬 | 吳宗华 | 新生集体 | 443 | 59-3202 | 戴惠珠 | | |
| 428 | 59-3314 | 織造組 | 織造組 | 周子良 | 444 | 59-3319 | 金傳彬 | | |
| 429 | 59-3128 | 金傳彬 | 丁廉方 | 陳鳳标 | 445 | 59-3166 | 汪杏生 | | |
| 430 | 59-3262 | 黃造雄 | 汪巖生 | 刘羽飞 | 446 | 59-3165 | 談长寿 | | |
| 431 | 59-3303 | 俞肇臣 | 織造組 | 丁松延 | 447 | 59-3284 | 黃造雄 | | |
| 432 | 59-3265 | 蔡文道 | 蔡文道 | 奚根寿 | 448 | 59-3285 | 俞肇臣 | | |
| 433 | 59-3305 | 章文明 | 施康然 | 陳鳳标 | 449 | 59-3233 | 章文明 | | |
| 434 | 59-3282 | 章文明 | 吳宗华 | 丁松延 | 450 | 59-3242 | 黃造雄 | | |
| 435 | 59-3070 | 織造組 | 織造組 | 汪 仪 | 451 | 59-3249 | 馮 婷 | | |
| 436 | 59-3287 | 陳先明 | | | 452 | 59-3238 | 汪杏生 | | |
| 437 | 59-3243 | 黃善华 | | - | 453 | 59-3264 | 謝昭月 | 汪巖生 | 丁松延 |
| 438 | 59-3300 | 章文明 | 吳宗华 | 余談年 | 454 | 59-3254 | 馮 婷 | | |
| 439 | 59-3307 | 黃造雄 | 黃岳樓 | 馬子康 | 455 | 59-3298 | 潘純強 | | |
| 440 | 59-3252 | 黃造雄 | | | 456 | 59-3217 | 汪杏生 | | |
| 441 | 59-3245 | 黃造雄 | 黃造雄 | 戚文銓 | 457 | 59-3268 | 金傳彬 | 吳宗华 | 俞淑霞 |
| 442 | 59-3232 | 王鴻麟 | | | 458 | 59-3280 | 金傳彬 | | |

## 絨类織物 (上海产品)

| 序号 | 試样号 | 設計人 | | | 序号 | 試样号 | 設計人 | | |
|---|---|---|---|---|---|---|---|---|---|
| | | 組織 | 图案 | 意匠 | | | 組織 | 图案 | 意匠 |
| 459 | 59-3188 | 黃造雄 | 施康然 | 楊璋貴 | 467 | 59-3301 | 沈純发 | | |
| 460 | 59-3318 | 金傳彬 | | | 468 | 植 絨 | | 周松琴 | |
| 461 | 59-3049 | 黃造雄 | 施康然 | 蔣善震 | 469 | 植 絨 | | 蔡鶴倚 | |
| 462 | 漆花絲絨 | | 吳錦琛 | | 470 | 植 絨 | | 周松琴 | |
| 463 | 59-3021 | 王庸念 | | | 471 | 植 絨 | | 蔡鶴倚 | |
| 464 | 59-3022 | 王庸念 | | | 472 | 植 絨 | | 蔡鶴倚 | |
| 465 | 59-3288 | 金傳彬 | | | 473 | 植 絨 | | 蔡鶴倚 | |
| 466 | 59-3427 | 談长寿 | | | 474 | 59-3275 | 黃造雄 | | |

新品种

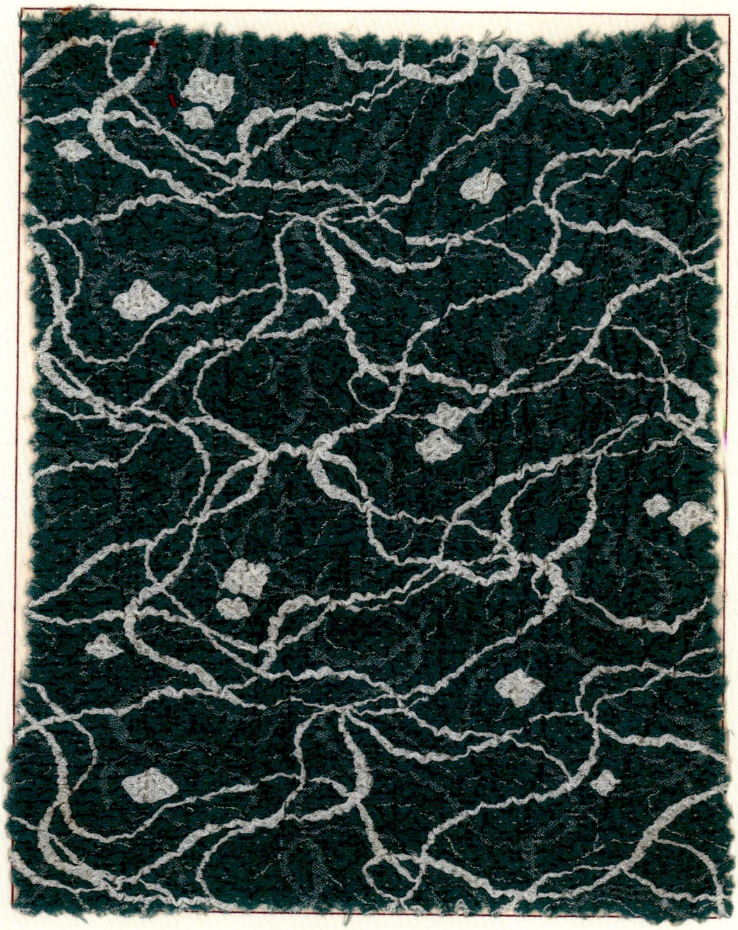

427. 59－3192
生丝 82%
尼龙 18%

— 41 —

# 新品种

436. 59－3287
人絲 19%
人棉 40%
棉紗 41%

437. 59－3243
人絲 100%

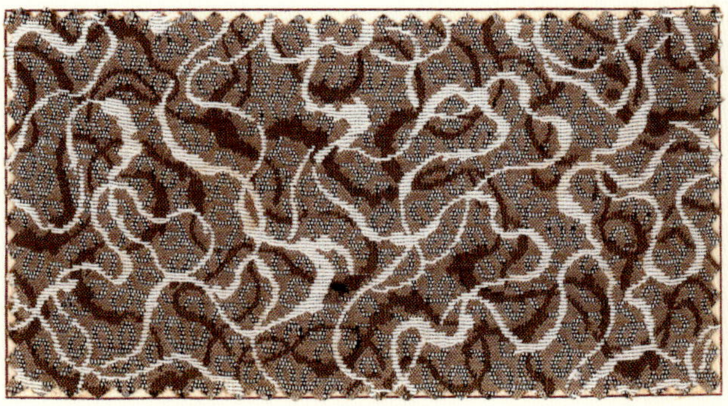

438. 59－3300
人絲 53%
人棉 47%

# 新品种

443. 59－3202
生絲 86%
人絲 6%
水晶綫 8%

444. 59－3319
生絲 54%
人絲 38%
銀綫 8%

445. 59－3166
人絲 100%

— 49 —

# 新品种

446. 59－3165
絹絲 100%

447. 59－3284
人絲 70%
人棉 30%

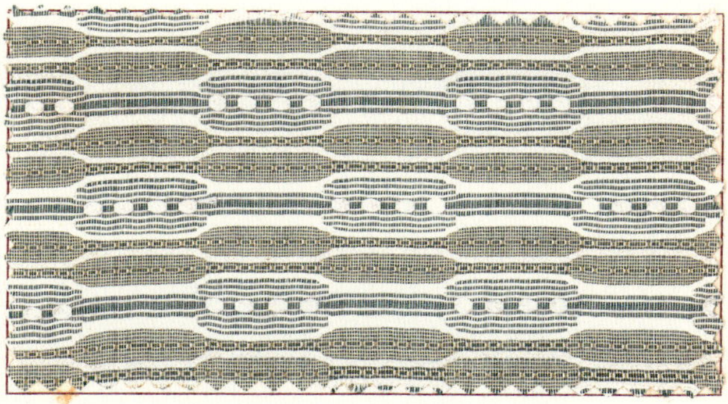

448. 59－3285
人絲 100%

# 新品种

457. 59—3268
生絲 100%

458. 59—3280
生絲 100%

— 54 —

附录十七

新品种　庆祝建国十周年样本（下集）

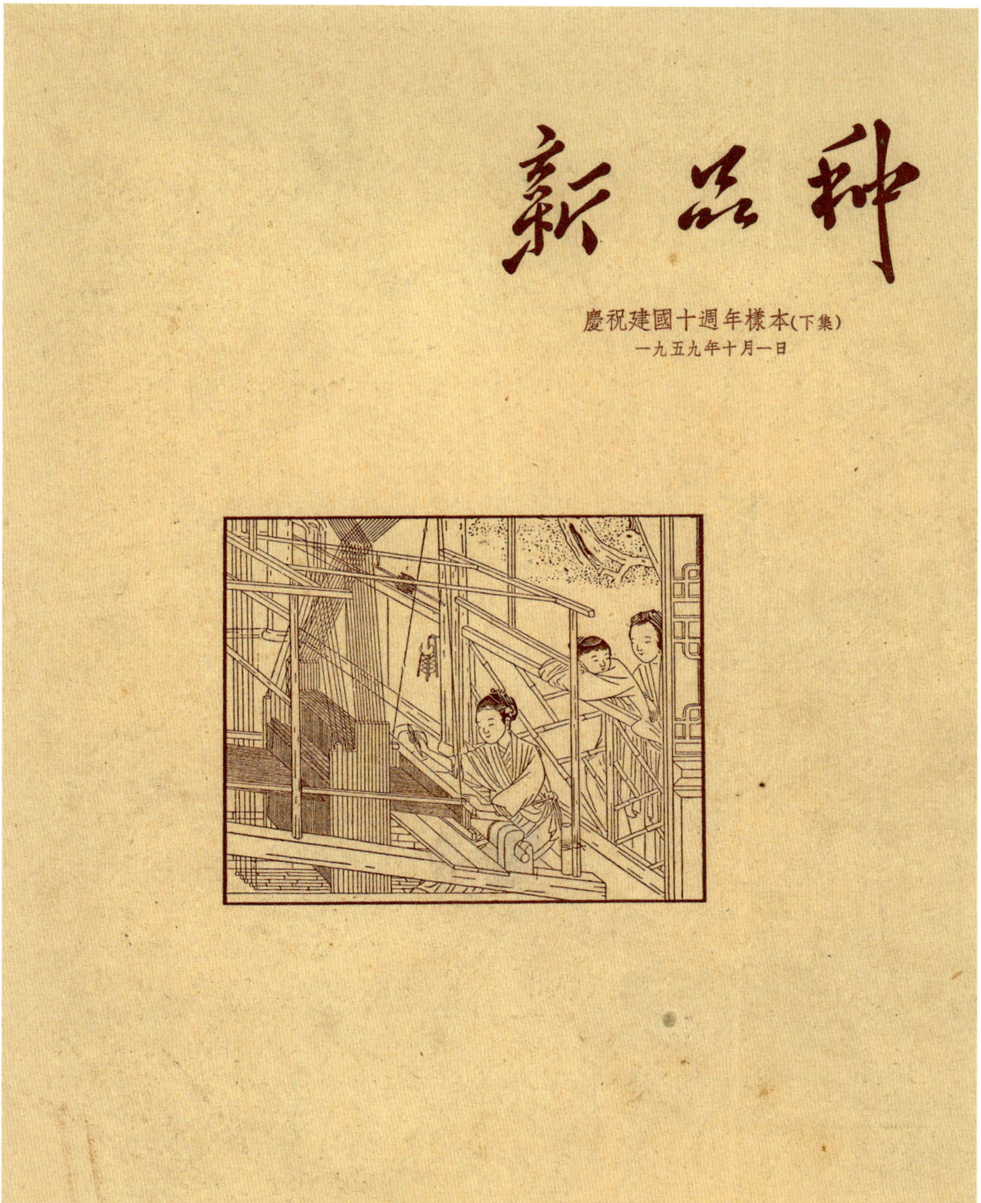

# 新品种

## 目録

### 絲綢印

| 序号 | 花号 | 設計人：图案 | 設計人：畫稿 | 序号 | 花号 | 設計人：图案 | 設計人：畫稿 |
|---|---|---|---|---|---|---|---|
| 490 | 30102 | 蔡作憶 | 李兰芬 | 505 | 39102 | 王耿雄 | 馬水泉 |
| 491 | 39111 | 吴錦琛 | 柳錫楚 | 506 | 30101 | 王耿雄 | 李之海 |
| 492 | 33101 | 楼紫朗 | 李兰芬 | 507 | 38105 | 蔡作憶 | 刘継英 |
| 493 | 36101 | 王耿雄 | 宋万道 | 508 | 39107 | 吴錦琛 | 馮兰 |
| 494 | 39105 | 蔡作憶 | 叶賽寶 | 509 | 37104 | 王耿雄 | 馮兰 |
| 495 | 35103 | 任声远 | 于肇康 | 510 | 35105 | 蔡作憶 | 于肇康 |
| 496 | 38103 | 吴錦琛 | 刘継英 | 511 | 2367 | 蔡作憶 | 周希夏 |
| 497 | 30103 | 蔡作憶 | 張介玉 | 512 | 4421 | 蔡作憶 | 于肇康 |
| 498 | 39108 | 王耿雄 | 蔣菊芬 | 513 | 37101 | 吴錦琛 | 張长仁 |
| 499 | 36103 | 黄素菲 | 周慧芳 | 514 | 36102 | 王耿雄 | 蔡国棠 |
| 500 | 35101 | 耿震凱 | 刘継英 | 515 | 36102 | 楼紫朗 | 李之海 |
| 501 | 39101 | 王耿雄 | 蔣菊芬 | 516 | 39104 | 沈恂如 | 周慧芳 |
| 502 | 37105 | 吴錦琛 | 周慧芳 | 517 | 38102 | 楼紫朗 | 柳錫楚 |
| 503 | 38101 | 王耿雄 | 叶賽寶 | 518 | 35104 | 吴錦琛 | 周希夏 |
| 504 | 39103 | 楼紫朗 | 李之海 | 519 | 39106 | 任湘鎔 | 周希夏 |

以上花样由蔡鶴倚、周松琴、蔡作憶、王耿雄、吴錦琛等同志配色。

### 浆印

| 序号 | 花号 | 設計人：图案 | 設計人：刻版 | 序号 | 花号 | 設計人：图案 | 設計人：刻版 |
|---|---|---|---|---|---|---|---|
| 520 | 10109 | 任湘鎔 | 王太元 | 528 | 17110 | 任声远 | 叶寿泉 |
| 521 | 18104 | 王耿雄 | 叶寿泉 | 529 | 19108 | 王耿雄 | 王太元 |
| 522 | 16106 | 楼紫朗 | 叶寿泉 | 530 | 16105 | 楼紫朗 | 王太元 |
| 523 | 14101 | 王耿雄 | 王太元 | 531 | 16102 | 蔡作憶 | 叶寿泉 |
| 524 | 19120 | 荣梅芳 | 王太元 | 532 | 19112 | 楼紫朗 | 王太元 |
| 525 | 14105 | 任声远 | 顾成緒 | 533 | 10112 | 任湘鎔 | 叶寿泉 |
| 526 | 18101 | 王耿雄 | 叶寿泉 | 534 | 19117 | 蔡作憶 | 叶寿泉 |
| 527 | 18109 | 王耿雄 | 顾成緒 | 535 | 17103 | 費定英 | 顾成緒 |

以上花样由楼紫朗、任湘鎔、任声远、王耿雄、蔡作憶等同志配色。

— 75 —

新品种

491. 39111

— 77 —

新品种

499. 36103

500. 35101

— 84 —

新品种

505.　39102

新品种

520. 10109

— 102 —

新品种

534. 19117

—113—

新品种

535. 17103

— 114 —

附录十八

2021 年 5 月 20 日“锦绣金陵 · 礼赞百年”现场活动照片

红色百年南京印记·全媒体行动
礼赞百年

百年华诞·百件珍档——红色百年南京印记·全媒体行动
看档案读党报学党史活动
礼赞百年
南京江南丝绸文化博物馆

2F

锦绣金陵
锦绣金陵
赞百年

全媒体行动
百年
锦绣

—红色百年南京印记·全媒体行动
党报学党史活动

百年华诞·百件珍档—红色百年南京印记·全媒体行动
看档案读党报学党史活动

# 参考资料

1. 戴健著：《南京云锦》，苏州大学出版社 2009 年 12 月版。

2. 邵亚琳：《南京云锦：继承与复兴——云锦传人王道惠口述》，档案与建设 2014 年第 2 期。

3. 吴颖、沈强、朱成山编：《中国纪念馆故事：南京云锦博物馆故事》，南京出版社 2014 年 8 月版。

4. 万宝宁 :《云想衣裳花想容——记南京云锦传承人王道慧》，《剧影日报》2019 年第 3 期。

5. 周双喜 :《传工匠精神，做云锦传人》，《南京史志》2020 年第 1 期。

# 后记

2019年，中华人民共和国成立70周年，也是南京云锦成功申报人类非物质文化遗产10周年，南京云锦及丝织业口述档案的采集及编纂工作就是在当年的7月启动。

2019年，由南京市档案馆联合南京晓庄学院、江南丝绸文化博物馆等单位共同开展了南京云锦及丝织业口述档案的采集工作。南京晓庄学院旅游和社会管理学院20余位同学分为4组在丰华琴老师和葛茹老师的带领下，完成了第一期的寻访及口述记录工作，先后对20余位南京丝绸和云锦技艺传承人进行采集，同步进行录音、录像，文字转换整理工作，为永久保存与开发这一难得的口述历史资源付出了辛勤劳动。

2020年，在前期采集的基础上，由南京财经大学艺术学院管静老师带领研究生对部分口述者进行了补充采访、素材采集。南京市档案馆和江南丝绸文化博物馆、正源兴绸缎庄、南京财经大学师生进一步对口述内容进行整理，对录音、录像文稿进行选材编辑，于2020年底完成本书初稿。

2021年，南京市档案馆组织人员对文稿进行修改完善，补充相关档案资料，终于2021年6月完成书稿。

该书的编写历时3年，得到了江南丝绸文化博物馆、正源兴绸缎庄、南京云锦博物馆、苏州大学档案馆的大力支持。同时，得到了王道惠、邬悉尔、郭俊、周双喜、戴健以及原南京市文物局副局长陈平、江南丝绸文化博物馆理事长徐凤梅、原中兴源丝织厂总工程师俞征智的指导和帮助。此外，口述采集得到了南京鹰联视界文化传媒有限公司、南京梦回文化传媒有限公司的技术支持。值此本书出版之际，一并致以衷心的感谢。

利用档案资料配合口述的编研，我馆尚属首次，尽管编写人员不断学习、积极探索、认真研究口述档案的编纂模式、方式以及内容与形式的统一，但难免出现偏差与错漏，文中某些表述仅代表口述者个人的观点，诚望读者及学界人士批评指正。

南京市档案馆

2021年7月